絶怪

高田公太

竹書房怪談文庫

※本書に登場する人物名は、様々な事情を考慮してすべて仮名にしてあります。また、作中に登場する体験者の記憶と体験当時の世相を鑑み、極力当時の様相を再現するよう心がけています。現代においては若干耳慣れない言葉・表記が登場する場合がありますが、これらは差別・侮蔑を意図する考えに基づくものではありません。

恐怖（まえがき）

本書は「恐怖」のみをテーマにして書いた。

これから、なぜ私が実話怪談というジャンルに於《お》いて、明言する必要もなさそうなことを一行目に添えているのかを説明する。


恐怖は愉《たの》しいものだ。

怪談にせよ、ホラーにせよ、ミステリにせよ、そこに恐怖があるから人は喜ぶ。

化け物が暴れたり、不条理に死が近づいたり、悍《おぞ》ましい事件が起きた話を多くの人が好む傾向にあるから、そういったジャンルがしっかりと資本主義に結びついてくれている。

私は実話怪談作家としてデビューした。

皿に載せた不条理な恐怖譚を「これ、本当にあったからね」と言いながら、ゴンッと音を立ててテーブルに置く仕事である。

デビュー後、初めの数年は嬉々としてその仕事を務めていた。

しかし、突如私は臍《へそ》を曲げることになる。

「怖い話が書かれてますよと喧伝された文庫本に、本当にただ怖い話が載っているだけだとつまらないじゃないか！　読者を馬鹿にしているに等しい！」

と、極めて突飛な発想に支配されてしまったのだ。

結果、私は「もう恐怖はいらない」と言わんばかりに、実話怪談の持つ他の側面にばかり光を当ててきた。

魂の在り方。

人生の儚さ。

怪を通して人を描く。

何も実話怪談を用いてそれを表現しようとしなくてもいいのではないか、と自らも思いつつ、ドン・キホーテさながらに誰が望むか分からないものを書いてきた。

すると不思議なもので、ほんのりと私の奇行を喜ぶ読者、ファンと呼んでも誰も怒らなさそうな方々がどこからか湧いてきた。

これは良い傾向だと更にラジカルな執筆活動を続けてきたのだが、今になってまた臍を曲げたくなった。

「私が私っぽいものを書いて、人を満足させるなんて予定調和も甚だしい！　原点回帰だ！　恐怖だ！　恐怖だ！」


そして、私は闇の奥を覗き込むことにした。

恐怖のみを描くぞ。

恐怖とは何だ。

普遍的な恐怖はどこに転がっている。


本書には体験者の息が全ページに亘って吹きかかっている。

これまで「これは怖いから、私のテーマではない」として書いてこなかった談話を、十分に収載した。

怖い、と思いながら綴《つづ》った。

私が感じたそれを、今、あなたに渡す。

あなたの指がページを摘まんだ感触が伝わってくる。

めくるのかい。

恐怖が、あなたを待っている。

目次

不安 一

自室で一人、ベッドに横たわりながらスマホを弄んでいると、
諦めないで。
と、女の声が上方であった。
驚き、見上げると今度は膝下から、
諦めないで。
と聞こえた。
反射的に持っていたスマホを前方へ投げ、身体をのけ反らす。
今度はうなじに生暖かい息が掛かり、

諦めて。

と聞こえる。

我が家

「見た感じは常識人って感じだったんだよ。スーツに皺《しわ》もなくて、顔もきりっとしててね。歳は三十歳前後かな」

外崎さんは戸口に立ったそのセールスマンの風貌を、そう述懐する。

「普段は保険の勧誘なんてお断りなんだけど、その日曜日はあんまりにも暇だったから、話だけでも聞こうかと思って」

外崎さんがドアを大きく開けると、男は恐縮しながら土間に入った。

「失礼します。それではちょっと床に座らせてもらいますね」

男はカバンからパンフレットを適宜取り出し、商材の説明を始めた。

外崎さんは適当な相槌《あいづち》を打って話を促す。

「こちらのプランですと色々と痒いところに手が届く感じでして……ああ、でも御主人でしたらこちらのプランのほうが適しているかもしれませんね……お身体も丈夫そうですし……」

「丈夫といえば、お兄さんもがっちりした体格じゃないの。何かスポーツでもやっていたのかい？」

「いやあ……高校の部活でラグビーをやってたんですが……それ以外は……全く」

「ラグビーかい。俺はプロ野球観戦が趣味でなあ。大相撲も楽しいだろ。そういうのはどうだい？」

「それが……ラグビー以外は……あまり知らないんです」

「そうかい。それはつまんないな」

「申し……訳……ないです……」

そうして玄関先で四方山《よもやま》話を交えて語らううち、外崎さんは男が時折、自分の背後——台所に続く廊下のほうをちらちら見ていることに気が付いた。

男が目線を移すたびに、トークのテンポが著しく乱れている。

その日、妻は午前中から子供を連れて外出していて、このとき屋内には自分とセールスマンのみ。

廊下に珍しいものを置いた記憶はない。

廊下の木製の床にはワックスが掛かっていて、一番奥にはこれまた木製のドアがあるばかりだ。

「妙にその目線が気になってきてさ。思わず『さっきから何を見てるの？』って訊いちゃったんだよね。その時点で十五分くらいは経ってたかな」

するとと男は投げかけられた疑問に大袈裟なほどびくっと身体を震わせ、「いやぁ、いいですいいです。何でもないです」と取り繕うような返事をしたかと思うと、そそくさと広げたパンフレットを片付けだし、帰り支度を始めた。

何も買う気がないのにセールスマンを引き留めるのはマナー違反だろうが、ここまで慌てて帰ろうとされてしまうと、失礼に感じる。

「何かすっきりしないなって思って、『なになに！　どうしたの！　そんな急いで！』って思わず大きい声だして食い下がっちゃったんだよね」

「あ！　いや！　長居も失礼かなと！　すみません！」

「長居してもいいよ！　俺は暇なんだからさ！　どうしたんだよ！　急に帰ろうとして！　もう少しいなよ！」

外崎さんの態度に気圧《けお》されたのか、男は観念したように動きを止めた。

「あの……あのですよ？　あの……台所に……誰かいます？」

「いないよ。さっき教えたじゃない。今家には俺だけだよ」

「じゃあ、あのドアの向こうにいる人、誰なんですか？」

「へ？」

「ドアの向こうです。すりガラスの向こうにいる人です。ほら、影になっている人。誰なんですか？　お子さんですか？　お子さんも奥様と出かけてるって言ってましたよね？」

男の意外な質問に驚きつつ、外崎さんは振り返って後方を確認した。

この男はすりガラス越しに見える何かを、人影と勘違いしているのかもしれない。

これまで意識したことはないまでも、初見だとそのように見えるものがあるのだろうか。

灯台下暗しとはよく言ったものだ。

外崎さんはまじまじとドアの様子を見た。

ドア。

木製のドア。

ドアノブが一つ。ドライバー程度で解錠できる簡易的な鍵も一つ。

ドアには格子状で設えられている六枚のすりガラス窓。

窓は左右に二枚ずつ。それが三段。

窓の向こうにはキッチンダイニング。

外崎さんはすりガラス一枚一枚に目を凝らす。

人影はあるか。人影のようなものはあるか。

だが、どう考えても人影に該当しそうなものはどの窓の象《かたち》にも見当たらず、セールスマンの言わんとすることが咀嚼《そしゃく》できない。

「何のこと?」

「やっぱり見えないんすよね……一番下……一番下のなんすけど……すみません。馬鹿みたいなこと言って、やっぱりもう帰ります……僕、ちょっと変なんですよ。たまにこうなるんです……本当にすみません」

「一番下ねえ……」

もう一度ドアの窓を一瞥《いちべつ》するも、そろそろこの男にも飽きてきた。

「すみません。お邪魔しました。本当にすみません」

外崎さんは平身低頭で詫びる男を不憫《ふびん》に思い、今度は素直に見送ることにした。

夜になると、ファミレスで夕飯を済ませた家族が帰宅した。

外崎さんはちょうど晩酌中で、妻の顔を見るなりそれでは早速とセールスマンの話を笑いながら披露した。

話し終えると、妻は「ちょっと待ってて」とリビングを出ていき、一分と経たずに帰ってきた。

見ると、妻の手には一枚の画用紙があった。

外崎さんはそれを見て妻の言わんとすることを、幾らか察する。

「子供が書いた画《え》だったんだけどさ。ドアが描いてあって……台所のドアそっくりな奴。格子状の窓ガラスもちゃんとあってね。その窓の一枚に、人影が描いてあるワケ」

人影は窓の最下方の右側の窓にのみ描かれていた。

普通なら子供が描いた画がどんなものでも、気を取られることはない。子供の自由なイメージを誉めるばかりだろう。

ただ、さっきの今でこの画を見せられると、なるほどかなり異様に見える。


――一番下……一番下のなんすけど……。


「さっきのセールスマンが言ったものと一緒じゃないか……」

「あたしも初めてこの画を見せられたときにちょっと不気味に思ったのよ。だって、この影って人の顔っぽいでしょ？　その割に位置が低くない？　何かその話でこの画のことを思い出しちゃったから、タケヒトに今訊いてみたらさ。これ、あの子には見えてたんだって。『見たものを描いたんだ』って今、言ったのよ」

何と応じていいか分からず、外崎さんはリビング奥の台所に目を向けてはみたものの、件《くだん》のドアは死角にあり、見えない。

今、立ち上がってドアを確認するべきか。

それとも一笑に付して終わらせるべきか。

黙っていると妻は捲し立てるように、「この画もこの家もお祓いしてもらおう」と提案しだし、「あたしもこの家、たまに怖くなるのよ」と言い加えた。

「家内が言うには、一人でいるときに家鳴りが気になってたそうで。何かが二の足で移動しているみたいに床がミシミシ鳴るって言うんです。俺は全く聞いたことがないんですがね。これまで自分の家をおかしいと思ったことは人生の中で一回もなかった。生まれたときからここで暮らして、ただの一度もないんですよ?」

後日、妻の依頼でどこかの寺の住職が家に訪れ、実際にお祓いが行われた。

お祓いは想像していたよりもずっと儀礼的で、「心霊バトルの類《たぐい》はなくて、ほとんどの時間は目を瞑《つぶ》って手を合わせながら読経を聞いていた」。

読経が終わったのち、住職が何かしら原因などについて話してくれることを期待するも、「どうも俗っぽさがある、なまぐさ坊主」は、手早く領収書を取り出したのみだった。

「何か拍子抜けしちゃって。こうなるとまた笑い話ですよ。まあ内緒にするのも何だから、親父に電話で話したんです。『この家に何か出るらしいよ』って」

外崎さんの父は一通り話を聞くと、『そりゃ、多分俺の爺ちゃんだわ。それなら話が分かる』とコメントした。

『お前の曽祖父は生前、糖尿で両足首を切断してて、始終家の中を這って動き回っていたんだぞ。今の家に改築する前は、足のない爺ちゃんのためにどの部屋の戸もドアも、常に開けっぱなしだったもんだよ。今はドアが閉まってるから、窓に顔を近づけるしかなかったんじゃないのか』と父は続け、外崎さんもそれは合点がいく話だと納得した。

が、一人息子のタケヒト君は、

違うよ。
あれは女の人だよ。

と言うのだった。

妻は、現在も家鳴りを気にしている。

不安　二

残業明け、へとへとになりながら駅の階段を上った。

転ばぬように足元を注視して一段一段、ゆっくりと進むようになったのは、五十歳を過ぎてからのことだった。

あーあ、と溜め息を漏らしつつ顎を上げる。

すると、これまた疲れ果てた様子の自分と同じぐらいの歳の男が、くたびれた背広を着て階段を下りてくる。互いがこのままの軌道では、きっと鉢合わせになる。

横にずれ道を譲ると、男は〈ピョイ〉と最下まで残り二十以上もの段を残して、下に向けて軽々とジャンプし、着地する前に宙で消えた。

消える瞬間。


ぐえ。

と声が聞こえた。

テント

輪島さんがソロキャンプを楽しむようになったのは、ここ数年のこと。

若い頃から「普段は大雑把なんだけど、趣味となると妙に凝《こ》り性で、のめり込みやすいタイプ」だったという輪島さんは、最早全国津々浦々のキャンプ場巡りのみに飽き足らず、目に付いた名もなき山に向けて車を飛ばしては、名もなき野っ原にテントを立てさえするまでになった。

「手垢が付いてない場所じゃないと、本当の意味でソロになれた気がしなくてね。おお。そうそう。あんたは〈そういう〉話を集めてるんだって？」

「へえ。もしかして、〈そういう〉のあります？」

「あるよお……あるんだよなあ」


その夜も、輪島さんは名もなき山の名もなき野っ原でキャンプに興じていた。

そして、スマホからラジオを鳴らして缶ビールをちびちびやりながら過ごすうち、程よい眠気が訪れたのでテントに入った。

輪島さんは寝ると決めたらテント内を真っ暗にするそうで、これがまた「街にいるときよりもよく眠れる」。

が、その晩に限っては全く眠れなかった。

眠気こそ十二分にあるのだが、不思議と寝つけない。

諦めて身体を起こしてみると、今度は疲れが込み上げて、起きたとて何をばできようかという心持ちになる。

こうなると酔いも手伝い、少し苛々がつのる。

何となしに環境を変えようと、懐中電灯を点けてテント内を照らした。

すると。


じ・じ・じ・じ・じ・じ・じ。


ゆっくりとテントのファスナーが開けられる音がし、一面が左右に開いていった。

何者がこのような振る舞いをするのかと開放されてゆく面を凝視し身構えるも、開いた向こうに姿を現すのは目眩《めまい》がするほど暗い深夜の外界のみ。

とはいえ、幾らそこが暗かろうと、そこにファスナーのスライダーを摘まんだ誰かがいるのは間違いないのだ。

武器になりそうな物は所持していないが、身体には自信がある。

輪島さんは懐中電灯を掴んで勢いよく外に飛び出し、辺りを照らした。

「おおい！　誰だ！」

何度か威嚇をするも、返ってくるのは己の叫びの残響のみだった。

逃げたか。

あるいはまたこちらが眠るのを待つつもりなのか。

悩ましくはあったが、それよりも意外な展開に出くわしたことで生じた高揚感が勝った。

泥棒か変態か分からないが、見つけたらとっちめてやろう。

興奮した輪島さんは朝までテントに居座る決心をした。

そうして拳を強く握ったままテントに戻ろうと踵《きびす》を返した瞬間、輪島さんは思わず「うーん」と唸った。

開けっぱなしだったはずのテントのファスナーが閉まっている。

勢いよく飛び出た自分が無意識にファスナーを閉めるとは思えない。

一連の中にそんな流暢《りゅうちょう》なことをする余裕は確かになかった。

何かの間違いかと立ち止まり、懐中電灯をテントに向けると、次は「あっ」と声が漏れ、思わず後ずさった。

ファスナーがある面は、こっちじゃないだろ。

出入り口は逆面じゃないか。

じゃあ、俺はどうやって出たんだ。

やはり記憶違いか？

いや。さっきの今のことだ、しっかり覚えている。

決して錯乱もしてない。

ファスナーがゆっくりと開いたとき、俺はそれを少し顔を上げて成り行きを見守った。

そうだ。

寝袋の足のほうでファスナーが開いたから、俺はすぐに気が付いたんだ。

俺はいつも頭のほうにテントの出入り口を向けて横になるようにしている。

寝起きにすぐ出入り口のファスナーへ手が伸ばせるからと、いつからかそうしていたんだ。

ほら、記憶は正しい。

じゃあ、寝惚《ねぼ》けていた？

あの懐中電灯を点けた時点で自分は既に寝惚けていたのか？

今は寝惚けてないよな。

俺はこうして野っ原に立っている。

近くの森の香りがしっかりとある。

じゃあ、いつから俺はおかしい？

今の俺はどうだ？

まともか？

そんなことを思いながら、テントをじっと見ること一分未満。


しゃわんしゃわんしゃわん。


と突如テントが擦れる音を立てて前後左右に揺れだした。

中に。

何かいる。

尻込みした輪島さんは反射的に車道に向けて走った。

ある程度テントから離れた後、一度だけ振り返ってみると、激しく揺れたテントが今正に倒壊する場面だった。

星の明かりだけでは、そこで何が起きているのかは判然としなかった。

それでも、何かがいるのは分かる。

何体もの何かが、暗がりにいるのだ。

ある〈それ〉は宙を漂い、ある〈それ〉はテント周囲を歩き回り、ある〈それ〉はぺちゃんこになったテントの上を彷徨《さまよ》っていた。

ああ。

あそこだけやけにコントラストが高い。

暗い景色の中に、それよりも暗い何かが蠢《うごめ》いている。

輪島さんはその認識だけで一目散に逃げるべき理由を手に入れた。

道路までは決して遠くない。

アスファルトと街灯を目にすると、緊張が幾らか緩んだ。

何分かおきに車が通ってくれるのもありがたい。

結局、輪島さんは陽が昇るまでの数時間、路肩に座り込むことにした。

車ですぐ帰るという選択肢もあったが、高価なキャンプグッズを置き去りにする気にもなれなかった。

ポケットにスマホを入れっぱなしにしていたので、時間を潰すのは苦ではなく、友人数名に「出た！」とメッセージを送ってやり取りをしているうちに、段々と冷静さを取り戻していった。

そうして、つつがなく夜は明けた。

再びテントに戻ると、

「めちゃくちゃ。テントが崩れただけじゃなく、中に置いてたものもあちらこちらに散らかってたし。何も知らない人が見たら熊か猿の仕業とでも思うんだろうね。でも、熊じゃあないいんだよな……んん。そっち系。そっち系……」

といった具合だったが、陽の光に背中を押してもらいつつキャンプ用品を拾い集め、無事家に戻った。

以降、輪島さんはキャンプ中の就寝時、テントの各面の様子が「ふと気になるように」なり、もしキャンプ中に少しでも「何か怖いな」と感じたら、「パッパと片付けてすぐ家に帰る」ようになったとのことである。

不安　三

海堂さんの祖母は、よく未来を言い当てた。

「雨が降る」

と言えば、事実雨が降りだし、

「隆が事故に遭う」

と言えば、事実漁師をしていた父の船が転覆した。

このような神がかったことを人生の中で幾度も幾度もなしてきた祖母のタチが悪いところは、急にそんな悪い予言をしつつも、「だからこうすれば回避できる」という類のことは全く言わないことだった。

予め決まっていることをただ言っているだけなら言わないでほしい、と家族は笑い話にしていたが、歳のせいでいつも心が斑《まだ》らになっている祖母には通じない。

そんな祖母は生前、海堂さんに、

「お前はろくでもない死に方をする」

と、食卓で言っている。

さらには、

「早死にするから可哀想だ」

とも言っている。

なお、

「痛みに耐える訓練を今からしたほうがいい」

とも言っている。

忠告

私は子供を愛せない。

加奈子は雅史を産んですぐ、そう思っている自分を見つけた。

まるで、初めて乳を与えたときに乳房が感じた苦痛と不快感がずっと続いているようだった。

我が子を可愛いと思ったことはなく、幸い持ち合わせていた人並みの責任感だけを武器に子育てを続けていた。

愛情ではなく、ただの責任感。

この人が死なないようにしなくては。

人を殺したい願望はない。

ただ、そんな思いだけで育てている自覚があった。

夫と雅史が仲良さげに対話をしているときも、あるいは家屋が揺れるほどの罵り合いをしているときも、加奈子の心は虚無で包まれていた。

尤も、雅史はとうの昔に成人式を済ませ、現在は別居している。

現在の夫との二人暮らしには「嘘のようにストレスがない」。

一度、こんなことがあった。

小学校の修学旅行で雅史が京都へ旅立った日のこと。

加奈子は、この子がこのまま帰ってこなかったらどれだけ私は幸せになるだろうかと考えた。

何かしらの事故で死んでくれる分には、私に責任がない。

この子がいなくなったとき、私は恐らく喜び以外の感情は何も湧かないだろう。

神妙に葬儀を済ませたら、周囲の人はきっと悲しみに沈む母の姿を勝手に見出してくれるに違いない。

変えられぬ過去と違って、まだ見ぬ未来にはどんな可能性だってある。

人でなしを隠すのにも疲れた。

どんなことだって思うだけなら自由だろうに。

溜め息を何度かつきつつ、居間で紅茶を飲む午後。

リンリンリンと、家の電話が鳴った。

『あの……●●小学校の加藤ですが』

電話の主はいつも落ち着いた雰囲気のある、雅史のクラスの担任教師だった。

「はい」

『あの……変なこと言います。変なことだと思って聞いてください。言いたいことを伝えたらすぐ切りますから』

既にその物言いには相当な奇妙さが漂っていたが、加奈子は好奇心に駆られ先を促す。

『雅史君のお母さんね。あなた、そんなこと考えてたらほんとに雅史君がいなくなっちゃいますよ』

「はい？」

『あなたが願ったら雅史君が死んじゃいます。だから、そんなこと考えないほうがいいですよ。はい。それだけです』

「どういう意味で……」

ガチャン、と公衆電話の受話器が置かれる音が鳴り、通話は締め括られた。

変なことを言われた、という気分にはなれなかった。

どういう理由なのか己の心中を察して忠告してきた担任に対し、驚きよりも怒りと悔しさを強く覚えた。

そしてこの日から、加奈子は更に子育ての日々を「本当の地獄」と捉えるようになる。

死ねと願えば手を汚さずに死ぬかもしれない不必要な我が子に死ねと願ってはいけないのなら、私はどんな心持ちで日々を過ごせばいいのだろう。

人生の選択を間違った私は、善き人にも悪しき人にもなれない。

やはり、母になるべきではなかった。

私は、失敗したのだ。


「詳しいことは、なるべくぼかして書いてくださいね」

と、彼女は言い、

「子を作った後悔と一緒に棺桶に入りますよ」

と笑った。

不安　四

タイムカードを押しデスクに座るなり、部長に手招きされてまた席を立った。

「鮫島君、夜に何か夢を見た？」

問われて頭が真っ白になった。

確かに夢を見た。

とても明晰《めいせき》な夢だった。

「いえ……見てませんけど」

なるべく動揺を悟られないように返答した。

「そう。ならいいけど」

何かの冗談だったのだろうか、部長は微笑みながら言った。

「もし夢見てたなら、もうやめてね」

そのフレーズは自分にしか伝わらないものだった。

鮫島さんは昨晩の夢の中で「部長を沢山の釘が刺さったバットでしこたまに殴っていた」のだそうだ。

32

塗《まみ》れる

小学生の頃、好きな男の子に「デブ」と笑われた。
たったそれだけのことが、サチさんの拒食症の発端となったのである。
初めは食べることに微かな抵抗感を覚える程度だった。
だが、中学高校と上がるにつれて摂食に対する強い忌避感が膨らんでいった。
母に相談した上で病院に通院するようになった。
いかにもこういったことに理解がなさそうな父には隠すしかなかった。
太ももには幾筋もの自傷の痕。

大学入学を機に独り暮らしを始めると、それまで気にしていた親の目がなくなったことで、思う存分食べ吐きができるようになった。
引っ越し後、新たな病院での通院を始めると、それまでのかかりつけより薬の量がずっと多くなった。

父は学費を払うことまでは了承していたが、生活費は自分で賄うようにと言った。公務員の父は昔から我が子の教育のために暴力も辞さない方針で、専業主婦の母は物静かな性格だった。

家計の管理は父が執っていた。

では、生活費を稼がなくては。


サチさんはまず近所の飲食店でのアルバイトを始めたが、日によってむらがある体調に左右され、決まったシフトに約束通りに入るのがどうしても難しかった。

蓋を開けてみると、遅刻や欠勤を繰り返し、逃げるようにバイトを辞めること数回。

こんな自分でもできる仕事はないかと探した結果、〈日払い可〉と謳《うた》われているパーティ・コンパニオンの求人に応募することとなる。

これが思いの外、水に合った。

年上の先輩達は癖が強い性格をしているなりにも優しさがあり、いとも簡単に「拒食症」という言葉を受け入れてくれた。

時々顔を合わせる同世代の女性達の腕には自分のそれよりも深い自傷の痕があり、サチさんは深い共感を彼女達に抱いた。

助平なオジさん達は半裸ではしゃぐとチップを弾んでくれ、酔った勢いで身体を触らせると、なおのことオヒネリが飛んだ。

空いた時間に仕事ができ、どの宴会もざっと定時辺りには終わる。予定と体調が合わないなら、事前の出勤依頼を断るのも簡単だった。

相変わらず摂食障害が治癒に向かう気配は見られなかったが、これで生活ができる。必死でやらなければ。

恥を感じる余裕もない。


「ゴム手袋を着けてやるだけだから、凄い簡単だよ。割も良いし」

そう言ったのは化粧の濃い、同い歳くらいのコンパニオンだった。

「あんた、可愛いから稼げるよ。あたしが勤めてるとこクリーンだし、トラブル対策もばっちりだからさ」

コンパニオンは歓送迎会のシーズンが終わると、ぐっと稼ぎが少なくなる。

サチさんは勧められるまま、デリヘルのバイトにも手を出した。

そして、嬢として出会った客の一人と男女の交際が始まった。

彼はレンタルＤＶＤ屋の店長だった。

少し薄い髪とぽっちゃりした体型で、見た目こそ美形とは言い難かったが、何とも言えない穏やかさと包容力を感じる所作が好ましかった。

彼には妻子がいたが、そんなことは問題ではない。

そもそもこちとら食べては吐きの生活の中、何とか最低限の自立を求めて頑張っている程度の人間だ。彼との時間が少しでも潤いになれば、それ以上を望むつもりは毛頭ない。大学もまだ卒業していないし、結婚だけが幸せのゴールだとも思わない。


彼とは日帰りの温泉旅行に行ったり映画を観たりと、概《おおむ》ね楽しい時間を過ごすことができた。サチさんにとって初めてできた彼氏で、彼もまた「家のことはほとんど話さなかった」にせよ、いつも楽しげに微笑んでいた。

しかし、交際期間が半年ほどに及んだある日から、彼からの連絡がパタリと途絶えた。

連絡がなくなってからの数日は幾許《いくばく》か寂しさを感じたが、存外傷つくことはなく、何があっても学業とバイトだけは懸命にやらねばと、サチさんは前を向いて日々を過ごした。

そうして彼と一切の交流がないまま数カ月が経った頃、スマホが揺れ彼の名が通知された。

『夫の携帯を見てしまいまして……ええ。もう関係は分かりました。実は夫ですが……』

電話を掛けてきたのは彼の妻だった。

その声色にはどこか申し訳なさそうな響きがあった。

関係がバレたということはこれで間違いない。

「ええ、はい」

間が抜けた応答しかできない。

『夫なんですが……』

何を言われるのだろう。

訴訟にまで及んだら、両親にどう言い訳をしたらいいだろう。

『……死にまして』

「えっ？」

『首を吊って、死んだのです』

サチさんはまず、その言葉は全て嘘に違いないはずだと疑った。

きっと自分達の関係を綺麗さっぱり終わらせるために、そのようなことを言っているのだろう。確かに死んだとなれば何もかも終わる。

「あの……冗談ですよね」

彼への執着は全くない。

嘘を吐かれるより正直に話してもらい、詰《なじ》られたほうがこちらも楽だ。

『いえ。本当です。もう葬儀も済んでいまして』

そして、そのまま『線香でもあげてもらえれば』と家の住所まで告げられてしまったことで、サチさんが抱いた疑いは大いに揺さぶられることとなり、結局は妻の言葉を真実として受け止めざるを得なくなった。

涙が滲《にじ》んだが、溢れるほどではなかったそうだ。

悲しみよりも現実を受け入れようとする気持ちが先行した。

どんなことが起きようとも、やることをやらなければならない。

稼がなくては。大学を卒業しなければ。

社会に混じらなくては。

たとえ、狂っていようとも稼がなくてはいけない。

生きねば。

病んで死にたくはない。

頃合いを見て、住所を告げられた彼の家へ向かった。

押したインターホンチャイムに呼ばれ現れた妻は、ごくごく普通のおばさんだった。電話口で聞いた声からイメージする表情そのまま、困惑と疲労が顔に張り付いていた。

つつましい一軒家は共働きで購入したと彼から聞いていた。

ローンがあと何年残っているかまでは覚えていない。

サチさんは彼の自死について「何故」とは訊かないようにしていたが、困惑の未亡人はまるでこの若い娘に伝えるのは当たり前のことだとでもいうように、問わず語りで「長年のうつ病」「真面目過ぎるところがあった」「あなたには恨みはない」という言葉を投げかけてきた。

「今、紅茶を淹《い》れますね」

あまつさえそんな申し出が妻から飛び出すとサチさんは堪え難い気まずさを覚えたが、上手く断る術も見つからず「はい」と言い、仏壇のある和室で正座をした。

そして、妻の中座から数分後。

「あんたのせいであんたのせいであんたのせいであんたのせいで」

ティーカップを二つ載せたお盆を両手に持った妻がそう連呼しながら、廊下から開いたままの襖《ふすま》をくぐって勢いよく現れた。

「あんたのせいであんたのせいであんたのせいで……」

妻は連呼を止めないままテーブルを挟んだ対面に座り、カップをサチさんの目の前にトンと置く。

と、その瞬間開いていた襖がピシャリと閉まり、かと思えばまたゾズリと音を立てて大きく開いた。

妻は自分の前にカップを置くと同時にフェイドアウトするように連呼を止め、下を向いて口を閉じた。

その妻の様子には理解は及ぶ。

死んだ夫の不倫相手が目の前にいて、超然としていられる訳がない。

理解が及ばないのは誰に手を掛けられた訳でもないのに、自動で開閉した襖だ。

妻はその襖の動きに対して微動だにしていなかった。

尤も、今現在の妻の精神状態は何が起きても独特な反応を示しそうではある。

黙って紅茶を口にするも、その味は薄い。

サチさんはどうやってこの場から退散したらいいかと考えあぐねたが、シンプルに「それではこれで……」と立ち上がるのが一番だろうと判断し、正座を崩しながら「それでは」とまで口にした。

すると妻は、下を向いたまま「帰れませんよ」と呟いた。
また襖がサアァと開き、ゾズリと閉じた。
太陽を薄雲が隠すと、部屋の中の色が薄くなった。
「帰れ……ないんですか……」
また。
ササァ。
ゾズリ。
「帰れませんよ」
また。
ササァ。
ゾズリ。
「帰れ……ないん……ですね」
また
ササァ。
ゾズリ。
そして。

――ええ。

――無理よ。

その声は、随分とはっきり響いた。

過呼吸が始まり、徐々に気が遠のいていく最中にそう言われた。

瞼《まぶた》が作る暗闇の中で、サチさんはその言葉を聞いたのだそうだ。


目覚めると、まだ仏間にいた。

カーテンが閉められたその一室は真っ暗だった。

携帯電話を取り出して見ると、二十二時を回っていることが分かった。

サチさんは自分が何時間もここで横たわっていたという事実に慌てふためきつつ、まずは壁にあるそれらしきスイッチを押し、仏間の明かりを灯した。

妻の姿は既になく、テーブルにあったカップは片付けられていた。

状況を確認しようと更に室内を見回すと、仏壇が目に入った。

「え……？」

思わず声が漏れた。

遺影に写るのは、彼の顔ではなかった。

全く別人の男の微笑む顔がそこにあった。

線香をあげたとき、確かに自分は彼の遺影を確認したはずだ。

ならば、気を失っている間に遺影が取り替えられたのか。

何のためにあの女はそんなことを。

おかしい。

あの女はおかしい。

逃げるように家から飛び出し、無我夢中で駅へ走った。

電車を二回乗り継いでアパートに向かう最中も、何かに追われているような気がしてならなかった。

サチさんはアパートに到着するなりトイレに飛び込み、胃液を戻した。


一夜明け、彼の家であったことを反芻《はんすう》する。

まず、彼は事実亡くなっていると私は思った。

奥さんは私を招き、そのまま様子がおかしくなった。

誰もいないはずなのに、襖が開閉した。

私は気を失い、彼の遺影が変わった。

現実的に考えると、何もかもが主人の浮気相手をとっちめるための策略に嵌《は》められただけなのかもしれない。

慄《おのの》きのあまり気を失った経験はこれまでなかったが、そもそも私の心には病がある。

酷い目に遭ったが、こんなことを引きずって生きていく訳にはいかない。

サチさんは体験の全てをこのように収めた。


それから。


宴会場の襖が、廊下に誰もいないはずなのに開閉することが、時々あった。

幾つかのラブホテルでもオートロックが掛かっているはずのドアが開閉し、客とともに驚きの声を上げることがあった。

そしてアパートのドアもまた、昼夜問わず開閉することがあった。

サチさんはこれに慣れることはできなかった。

とはいえ、起きている〈こと〉が〈こと〉だけに誰にも相談できない。

心の病がある自分が誰かにこんな身辺の異常を訴えても、とんでもない世迷《よま》い言《ごと》だと思われるに違いない。

まず、一縷《いちる》の望みに賭けて彼の携帯に電話を掛けようとしたが、メモリにあるはずの彼の名が消えている。

次に記憶を頼りに彼の家に向かった。

しかし、以前立ち降りた駅からしばらく歩くと全く記憶と違う街並みが広がり、結局彼の家に行き着くことはできなかった。

相変わらず人の力を借りずにドア、戸、襖が開閉する。

食べ吐きも治らない。

いい加減、死にたくなった。

更に心を麻痺させて生きるようになった。


『お前な。母さんから聞いたぞ。もういい。帰ってこい』

ある日の着信を取ると父の呆れたような声色が携帯から聞こえ、サチさんは「はい」とだけ言った。

ホッとして、大粒の涙が出た。

大学に休学届を出し、実家での療養生活が始まった。

実家では〈開閉〉が全くなかった。

ほんの一週間ほど実家にいただけで、嘘のように食欲が湧き始めた。薬がみるみる減っていき、医者からも「あとは様子を見る程度だね」と断薬を勧められるまでになった。

復学について母と相談をし始めた頃、父がガレージで首吊り自殺をした。

遺書の類は何も遺されておらず、母にも父が自死を選んだ理由が想像できなかった。

葬儀は混乱と悲しみに暮れる母と二人三脚で執り行った。

遺影には母の希望で若い頃の父の写真が使われた。

初めてその写真を母から見せられたとき、サチさんは思わずそれから目を背けてしまったという。

「それが、見たことのある写真だったんです。いや……見たことがあるような写真というか……まだあたし、多分頭がしっかりしてないんですよね。何ていうか……あたしの話、変でしょう？　あたしもよく分かってないんです。でも、仏壇に手を合わせるたびに、やっぱり見たことある写真だと今でも思うんですよ。ええ……そうです……はい。彼の家にあった、あの取り替えられた……はい。でも、まだあたし、しっかりしてないので……すみません、長々と。こういう話ってなかなかできないじゃないですか。ええ。はい」

取材した時点でのサチさんは、大学卒業後の勤め先で知り合った男性と結婚を果たしており、二人の子供を産んでいた。

ふっくらとした身体つきには、かつての摂食障害の面影はない。件の〈開閉〉は今も「全く起きることはないです」と言うが、一度だけ「あれ？　と思うことがあって」。

とはいえ、そのときは「多分、子供が悪戯でやったんだろうな」と気にしないようにしたという。

不安　五

三年前に田村勇作が癌で死んだ。

二年前に岸本和子が行方不明になった。

一年前に添野慶太が首を括って自殺した。

大学生の頃、夜の東尋坊《とうじんぼう》で「怖い怖い」と笑い合ったメンバーの中で生きているのは、自分だけになった。

五十歳を超えた今、続く訃報であの肝試しの一夜を思い出すことになるとは。

「歳を重ねると、知人は亡くなっていきます。偶然のことだから、気にしてませんが」

だが、入社以来初めて、勤め先の健康診断で〈要再検査〉の印が押された。

「再検査、してもらいたくないんです」

息子は大学へこれから四年間。家のローンはあと一五年。

「何か、怖くて」

何か怖い。

それも一つの祟りであろうか。否と言い切れることであろうか。

可愛い子には

幸三さんが四十八歳を迎えた年の冬、当時大学生だった息子の和也が長野への一人旅に出た。

和也は高校入学後、同級生の影響でスノーボードにのめり込んでいた。

そして、進学を機にアルバイトをするようになってからは、毎冬どこかしらの雪山に出向いては一週間ほど宿泊をする。

「じゃあ、行ってくるね」

「おう。気を付けてな」

事前にスノーボードのセットと衣類をペンションに送ってあるので、旅立ちの姿はまるでちょっとそこまで買い物に行く程度に見える。

元気に育つのは嬉しいが、手を繋いで歩いていた時代もあったことを思うと、幸三さんは幾許かの寂しさを禁じ得ない。

駅まで和也を乗せていくタクシーのドアが閉まると、幸三は二、三度手を振ってから家に身体を向けた。

すると、夕闇の濃さが一層深くなった気がした。

同時に、軽い耳鳴り。

幸三さんは閉めたはずの玄関戸が開いたままになっていたことに首を捻り、踏み石の上を通って家に近づいた。

するとこれまた何故か、点けていたはずの屋内のそこかしこの蛍光灯がどれも消灯している。停電の可能性を疑えるほど、この時点の意識は「はっきりしていなかった」。

土間に整然と並んでいたはずの何足かの靴が全て、まるで蹴り散らかされたようにあちらこちらにひっくり返っている。

幸三さんは（靴を脱いではいけないのだな）とぼんやり思い、スニーカーのまま床に上がった。

どのスイッチを入れても、蛍光灯は点かない。

初めて上がり込んだ他人の家のように、自分がこれからどこへ向かうべきかが、今一つピンとこない。

屋内を彷徨うと、癌で亡くした妻の仏壇の二本の蝋燭《ろうそく》に火が灯されていた。

じっとその火の揺らぎを見ていると、パッと廊下の明かりが点き、冷蔵庫のモーター音や大通りを走る車のエンジン音が、一斉に聞こえてきた。

火はおろか、仏壇には蝋燭すらなかった。

就寝前に、和也からペンション到着のメールが来た。

翌夜のメールには、雪景色の写真が添付されていた。

翌々日、警察から電話。

電話口で話されたのは、和也を大麻所持で逮捕したとの旨。

不安　六

生理不順を診てもらうために寄った婦人科からの帰り道は、行きよりも体調が優れなかった。

老いた女医の診察はまるで流れ作業をこなすように事務的で、不愉快なものだった。

道ゆく人々のうち、何人かが私の横を見て破顔する。

可愛いお子様ですね。

あら、何歳ですか？　お母さんとお出かけ？

あらあら、お母様に似たかしら？　立派な顔立ちですわね。

私に子供はいない。

願い

リカさんがかつて勤めていた会社ではパワハラ、モラハラが当たり前だった。

「全社員に営業ノルマが課されていました。ノルマをクリアできなかったら口汚く罵られて。若い男の社員なんかは、髪の毛を思い切り引っ張られたり、喉元を掴まれて壁に押しつけられたりもしてました」

同僚に一人、とりわけ成績が振るわない男がいた。

彼の勤務年数はリカさんとさほど変わらず、五年以上同じフロアで働いてる割にはほとんど交流を持ったことがなかった。

というのも、彼は内気を通り越し、いつもおどおどした様子で、その雰囲気は女性にとって近寄り難いものを感じさせていたのである。

「でも……男達からしたら、ああいう人ってイジメに適したキャラだったみたいで……髪を引っ張られるどころじゃなかったんですよね。思い切り蹴られ、土下座しているところで頭を踏まれ、見られたものではない仕打ちを受けていました」

職場の誰もが彼に与えられる暴行を見て見ぬふりをしていた。

庇うような真似をしたら、矛先がこちらに向くかもしれない。

リカさんは無視をすることで自分もハラスメントに加担してしまっていることに、いつも罪悪感を覚えていたという。

「それでも、どうしても見過ごせないことがあって……」


彼はいつも母親が用意した弁当を持ってきていた。

陰気な性格に似つかわしくない、派手な柄の包みが印象的だった。

ある日の昼休憩時。

廊下にぶちまけられた米粒と具材を絶望に満ちた表情で拾い集め、少しずつ弁当に詰め戻す彼の姿があった。

リカさんはまた彼が何か酷い仕打ちを受けたのだと察し掃除を手伝い、代わりの昼食をコンビニまで買いに行くのを付き添った。

彼に何と声を掛けていいのか分からず、コンビニと会社を往復する間、二人はほとんど黙したままだった。

「道すがらほんの少しは会話をしたはずなんですが……もう話した内容はほとんど覚えていません。会社に戻ってから談話室で一緒に昼食を食べたんです。そのときも、互いにちょっとは声を交わしたはずです。でも……やっぱり何を話し合ったかは覚えてないです」

リカさんの横で菓子パンを幾つか食し、定時まで働いてから退勤した彼は、そのまま最寄り地下鉄駅の線路に身投げをした。

これまでに会社の在り方に堪えられず辞職する者、心療内科に通いだす者などはざらにいたが、自死を選んだ人はリカさんが入社して初めてのことだった。

「ショックでした。社内の誰もが『自分のせいじゃない』とでも言いたげな噂話ばかりしていて、逃げ出したくなりました」

遺書などは残されていなかった。

葬儀の間中、ひたすらに「御迷惑を掛けてすみません」と頭を下げる彼の母の姿が痛ましく、彼が母子家庭で育ったことはその場で知った。

彼が亡くなった翌月、「母も亡くなったそうだ」と同僚から聞いた。

詳しい死因については誰も知らなかったが、口々に噂されたのは、母もまた「自殺だったらしい」。

それから半年が過ぎ、親子の死について誰も語らなくなった頃、社内を新たな訃報が巡ることになる。

リカさんが所属する営業企画部の若い男性社員が、昼食時に突如「ぐううう」と大声を上げて椅子から転げ落ちた。

「あまり真面目とは言えない社員でした。とはいえ要領が良くて口も上手かったので、上司には気に入られていた印象があります」

部署にいた者が駆け寄り声を掛けたが、男はしばらく痙攣《けいれん》したのち顔色をみるみる土気色に変え、終いには動かなくなった。

出る杭は打たれる、というようなかねてからの社風が災いし、男が動かなくなってから十五分以上の間、誰も一一九番通報をしなかったそうだ。

到着した救急隊員は、ぴくりともしない男に幾らか声掛けをし、容態を確かめた。

そして、「あっ」と何かに気付くと男の口に手を突っ込み、体内から何かを取り出した。隊員がその〈何か〉を両手で広げると、それは赤地にピンクの花弁がプリントされた布だった。

その場にいた者はほとんどがただそれをじっと見ていた。

リカさんも口を開かずに、大量の涎と崩した茶碗蒸しのような胃液に塗れた布をぼんやりと眺めていたが、はっきりと〈見覚えのある柄だ〉とは感じていた。

「今思えば、その場が静かなパニック状態に陥っていたのかもしれません。あたしは何故その社員があの派手な布を飲み込んでいたのかを疑問に思わなかったんです。ただ、〈ああ、あの弁当包みのせいで喉を詰まらせたんだ〉とだけ思っていました」

弁当包みのせいで。

卵焼きやウインナーを黙々と拾っていた彼の最期の日に使われた、あの弁当包みのせいでこの人は動かないまま冷たくなったんだ。

リカさんはそこまで考えて思考停止した自分を、ぼんやりと覚えている。

部長席の背後にある金庫に向いた監視カメラの録画に小さく、弁当包みを丸めて飲み込む男性社員の姿が映っていた。

それから半年の間に、「社内で」の「昼休憩中」に「同じ柄の弁当包み」を「喉に詰まらせる」という騒動が更に四度起きた。

彼らは確かに半ば窒息状態にはなったものの、周囲の助けもあり、死に至ることはなかった。

ハンカチを飲み込んだ四人の男性社員は所属部署がそれぞれ違った。が、リカさんの抱く印象を共通点とするなら先の営業企画部から出た死亡者と同様に「皆、どこか粗暴な感じ」があったとのことだ。

四人は助けられたのち、軒並み休職する。

何故そんなことをしたのかを語る者は、一人もいなかった。


そして、世界規模の金融危機が訪れた。

程なくして親会社の大量解雇が各メディアでニュースとして取り上げられる。

「もうとにかくムードが悪くて。この会社もうあとがないなって、皆が思い始めました。給料は悪くなかったんです。でも、こうなると……。まずは若い社員が次々と辞職して、次に中堅が転職の準備のために有休を使いだして。あたしも早々に辞職しました」

件の弁当包みは大量生産品で、自殺するための道具として五人が揃えて購入することもできる。

リカさん以外にも、彼らの喉の奥に詰まった「派手な柄の弁当包み」から、電車に飛び込んだ彼を連想した社員は何人もいた。

彼らがイジメ加害者だったならば、贖罪《しょくざい》の意識から集団自殺を決行した可能性もある。

だが、リカさんは別の見解を持っている。

「これ、噂なんです。ただの噂なんですけど」

地下鉄での自死が起きた後、いないはずの彼を「見た」と言う社員がちらほらいた。


——階段を上っていた。

——フロアの隅に立っていた。

——会社の前の通りをゆっくり歩いていた。


きっと恨みがあるんじゃないの。

それはそうよ、あんな酷い目に遭ってたんだもの。

自称「視える」というある男性は、「あいつが弁当包みを持って社内を彷徨っている」とまで言った。

そして。

「これは本当に曖昧な記憶なんです。思い込みかもしれません。でも……彼が亡くなった日……その……曖昧なんですよ？　だけど……」

ほとんど記憶にないというリカさんと彼の会話の中に気になる言葉があった。

「俺、あいつら許さないんで。絶対に許さないんで」

リカさんは自分がそれにどう返事をしたかは覚えていないそうで、その台詞を彼が確かに言ったかどうかも定かではないと、更に念を押す。

「もしかしたら、あの日そう言っていた事実があってほしい、あれが全部彼の復讐であってほしいと願っているだけなのかもしれません——」

——こんな話で……良かったんですか？

と、リカさんは締め括った。

不安　七

寮母は「そんな噂、誰から聞いたのよ。馬鹿馬鹿しいわね」と、必死の形相のかすみさんに苦笑いした。

「先輩達が言うんです。あたしの部屋はずっと寮母さんがわざと空き部屋にしていたって。空いてても満室扱いにしていた部屋だって言うんです」

「そんなことないわよ。ちょうどあの部屋が埋まるほど入居希望者がいなかっただけで……」

「そうなんですか？」

「そうよ……」

「じゃあ、あそこで自殺した学生が昔いたってのも嘘なんですか？」

「ええ？　何よそれ」

そのやり取りをした数カ月後、寮母は認知症の診断を下されて、寮を去った。

かすみさんは大学を卒業するまで、その部屋の中で誰かに見られているような気分を払拭することはできず、幾度かは地震でもないのに、床がガタガタと音を立てて震えたことがあった。
何人かの先輩は「その部屋で自殺があったのは事実」と、かすみさんに告げていた。
下宿はとうの昔に取り壊されている。
そして、就職して幾年月を経た今も、かすみさんは独りでアパートにいるのが苦手だ。
まだ誰かに見られているような気がするし、まだ床が震えるのだそうだ。

付着

近藤さんは高校生の頃から、まるで大人さながらに酒を嗜《たしな》んでいた。

その味を覚えたのは十六歳のとき。

姉に連れられていった、老舗の居酒屋での体験がきっかけだった。

勧められて口にした日本酒は一口目こそ不味かった。

だが、その後に出された葱《ねぎ》の載った冷奴、しじみの味噌汁、うどの天ぷらを少しずつ口にしながら呑むと、あっというまにお銚子が空いた。

「あら、あなたイケる口ね」

と姉が言い、その頃には「この世にこれほど幸せな時間をもたらすものがあるのか」と、人生初の酩酊《めいてい》状態の中で深い感動を覚えた。


実業高校を卒業してから、東京での独り暮らしを始めた。

夢は地元での居酒屋経営。

気の合う仲間達に旨い酒と小料理を安価で提供し楽しい時間が作れたら、余生はただそれだけでいい。無趣味、無目標だった十代に、酒の力が未来を照らした。

修行のためにと銀座の割烹《かっぽう》料理屋に飛び込み、明らかに労働基準法違反に該当する給料と勤務時間で、激務をこなす。

気性の荒い先輩らに食いつくように料理を学び、アパート近隣の商店街で呑み歩くうちに横の繋がりも増えた。飲食業界の熱気と料理の世界の奥深さにのめり込み、気が付くと東京での修行生活も八年。近藤さんはいよいよコツコツと貯めた貯金を元に、地元での居酒屋開業に向けて動き始めた。

が、ここで思いもよらぬ問題が生じる。

当時、近藤さんは複数人の女性と交際をしていた。

ほとんどの女性が呑んだ勢いでナンパをしての付き合いだった。

どの女をとっても互いに真剣な交際をしているつもりはなく、何となくタイミングが合えば会って酒を呑み、その後はノリでホテルに行くかどちらかの部屋に赴く程度の関係だ。

結果的に頻繁に会うことになる者もいれば、年に二回ほどしか会わない者もいる。

ある日携帯にメールを送ってきたのはそんな女性陣の中でも、とりわけ会う頻度が低い〈カズヨ〉。

カズヨが送ってきたメールの文面には簡単な近況報告と『話したいことがある』という

旨が記されていた。

近藤さんはそのメールをひとめ見てうんざりした。

カズヨには極力会いたくない。

カズヨは口数が少なく、一緒にいる間あまり表情を変えない。

ぞんざいに扱っても不平こそ言わないが、代わりにじっとこちらの顔を見つめてくる眼がうとましい。

こっちは軽い付き合いをしたいのに、あっちはいつも重たい雰囲気を纏《まと》ってくる。

このメールは無視するのが得策に違いない。

だが、それだとあの女にどこか負けたような気がする。

会って事情を訊き、その場でしっかりと嫌悪感を示すとこちらの気が晴れるだろう。

楽しくない女は、酷い目に遭っても仕方がないのだ。


（近藤さんのこういった思考回路はどうも「昭和生まれであること」「男尊女卑的な職場で修行していたこと」が大きいように思える。事実、取材中もさも自分の性遍歴を自慢するように話しており、幾分辟易《へきえき》することもあったが、これに関して本人も自覚があるようで、私が「時代に合わない考えだ」と指摘すると、近藤さんは「まあね」と返した）

近藤さんは毎週月曜日が休みだった。
カズヨはＯＬで土日祝が公休日。
まずは一つ嫌がらせをと返信は『月曜日の午前中なら空いてる』。
すると、『では、次の月曜日に有給を申請してみます』。

気に入らない容姿のカズヨと一緒にいる所を知人に見られるのは憚《はばか》られるため、近藤さんは待ち合わせ場所を自分の家からも彼女の家からも近くない目黒のラブホテルにし、律儀に休日の早起きをこなして望まざる逢い引きを果たした。

ホテルのロビーには部屋の様子が映された写真の電光パネルが並び、それぞれのパネルの下にボタンがある。平日とはいえ既に数部屋のパネルが消灯していた。近藤さんは一番安い部屋のボタンを無言で押してから、下部の取り出し口から出てきたキーを掴み、これまた無言のカズヨを従えてエレベータに乗った。
ロビーで対面したカズヨは「お忙しいところをすみません」とかぼそい声で言った先、特に表情を変えることもなく、ただ立っていた。

エレベータが三階に行き着くまでも無言。廊下を歩く間も然り、部屋に入り二人がベッドに腰掛けてからも然り。

「どうしたの？　何か話したいことあるんでしょ？」

入室から五分も経たないうちに近藤さんは息が詰まりそうになり、そう声を掛けた。

カズヨの口からどんな内容の話が飛び出すかは予め幾つか予想してある。

こんな付き合い方はやめたいからもう会わないほうがいい、あるいは真剣に付き合いたい。好き好き大好き。

お金を貸してほしい、と言うことはまずはないだろう。カズヨが金に困るほど無鉄砲な行いをするとは思えない。あなたの子ができた。これはあり得る。過去に一度、とある女と遊んでいる間にそんなふうになり、金を渡したことがある。開店資金が少し目減りしたが、大した痛手にもならなかった。今回もその口なら慣れたもんだ。もしそのケースならカズヨの性格からして、恐らくはただ「堕《お》ろすしかないね」とだけ言えばいい。金をせびってくることもないだろう。

「あの……近藤君さ……」

セックスだけの付き合いをする女の中で「近藤君」という呼び方をするのはカズヨだけだった。この改まった態度もこの女を重く感じさせる要因の一つだ。

「地元に帰っちゃうんでしょ？」

「え？　……ああ、まだだけど。そろそろね。うん。考えてる」

カズヨに現在自分が開店に向けて準備をし始めていると教えた記憶はないのだが、いつだったかこの女に簡単な人生プランを調子よく語ってしまったような気もする。こういうねちっこい女は、話したことをちゃんと覚えているものだ。きっと誕生日や血液型も覚えているのだろうと思うと、虫唾《むしず》が走る。

「あたし考えたんだけど……付いていこうと思ってるんです。近藤さんに」

「え？」

「ですから。あたし、一緒に……宮城でしたよね？　付いていこうと思いまして」

近藤さんはこの言葉を流石に想像していなかった。

ここまで意外だと、乾いた笑いが溢れそうになる。

カズヨはこれまでずっと、自分と真剣な男女交際をしているつもりでいたのだろうか。

「それはおかしいよ。何で、付いてくるの。付いてきたって、意味ないじゃない」

「意味ですか？　あると思います。離れたくなくて。離れたくないんです」

「ダメだよ。だって、どうするつもりなの。仕事だってあるでしょ？」

ピシャリと何か言えればいいのだが、この展開にはどうにも調子が狂う。他人が引っ越すも引っ越さないも本来は自由意志だ。「来るな。気持ち悪い」と吐き捨てられるほど悪人にもなれない。

「仕事は辞めます。簿記の資格があるんで、どこにいっても一応はやっていける自信があるから……あります」

そう言うカズヨの両眉がクイっとへの字の形をなし、近藤さんはそれが懇願を意味していると理解するまでしばらくの時間を要した。

「いつ頃引っ越すことになりそうか教えてくれたら、合わせますんで」

「待ってよ。困るよそんなことされたら。俺だって忙しいからさ」

「邪魔はしません」

「そういう問題じゃないんだよ」

「でも、そうしたいんです」

カズヨのペースで会話が進んでいる。

頑《かたく》なに拒んでいるこちらの意思が伝わっているか否かが、ほとんど見えない。

近藤さんの当初のプランでは、カズヨが何を言おうと上手く言い逃れたのち、なし崩しで身体を合わせて終了となる予定だった。少し寝てから夕方に知人の店へ呑みに行き、カズヨとのあれこれを話のタネにしたら程よかろうと、成り行きを甘く見ていた。

「ダメダメダメ。絶対にそれはやめてね。やったら怒るよ。カズヨちゃんには俺がいつ店を出すかは教えないし、今の仕事も辞めてほしくないよ。俺、カズヨちゃんにとってそういう男にはなれないからね。今、本当に忙しいんだよ。仕入れ先だってこだわるつもりだし、採算が取れるレシピを作っていかないとダメだしさ。酒蔵回ったりするのも大変なんだよ？　だから、カズヨちゃんがそんな気持ちになるのは嬉しいけど、結果的には迷惑なんだよ。もし俺が店出せなかったら、カズヨちゃんのせいだよ？　そんなことされたら、開店準備に集中できないじゃない？　一人にしてほしいんだよ。だから、やめて。ほんとにやめてね」

近藤さんは自分の台詞に整合性があるとは思えなかったが、矢継ぎ早に拒絶の理由を捲し立てることで形勢が変わることを期待した。そして、事実そのやり方が功を奏したようで、少し間があってからカズヨは「はい」と言った。その頃には彼女の表情はいつもの生気を感じさせない陰湿なものに戻っており、近藤さんはこの不毛なやり取りが終わったことを確信した。

一度時計を見てから、「俺、じゃあ用事があるから」と上着を羽織り、カズヨの返事を待つことなく部屋を出た。

帰路の電車の中で、カズヨの携帯番号を着信拒否に設定し、今後二度と会わなくて済むことを祈った。

　ナンパで出会った女達に、働いている店はバレていないはずだし、銀座の飲食店の値段付けはカズヨのステータスに合わないはずだ。まさか来ることはないだろう。

　とりあえず、今日のことは忘れなければ。

　思いの外、疲れた。

　疲れてしまった。


　部屋に戻ってからしばし仮眠を取り、夕食どきに近所の焼き鳥屋へ出向いた。

　店内には常連が数名カウンターに並び、いかにも呑み始めといった風情でできたての串盛りと瓶ビールがそれぞれの目の前に置かれていた。

「お疲れっす。どもっす」

　挨拶をしながらカウンターに並び、生ビールを注文して先客達と乾杯した。

「近藤君、店の準備は上手くいってるの」

　隣に座る駅前の旅行代理店の支店長が、明るい口調でそう尋ねた。

「ええ。調べたら田舎のほうも飲食業界はシビアらしくて。家賃が安いとこ探さないと厳しいっすね」

「ああ。そうだろうね。うん。でも、何事もチャレンジだからな」

「いやあ、そうなんすけど。折角だから一回目から畳まないようにしたいっすよね。失敗も勉強だって先輩方は言うんですけど……」

「どうしたの。今日はえらい弱気だねえ。呑みが足りないんだなきっと。ほらほら、もっと呑まないと」

弱気と言われた流れから、近藤さんはカズヨとの一件を披露した。

大いに笑ってもらえれば、気も晴れる。

「んんん。それはしかし、ちょっと怖いね」

支店長は序盤こそ「おお。君はモテモテだねえ」「包丁人たるもの何事も経験だよ」などと調子の良い合いの手を打っていたものの、近藤さんが話し終えた頃には神妙な顔つきになっていた。

「その娘、ストーカー予備軍じゃないの。大丈夫なの？　どうもじっとりとした女みたいだねぇ。気を付けたほうがいいよ」

「大丈夫っすよ……多分、シカトしてればそのうち……」

「いやあ、そうかね。まだ全然縁が切れてない気がするな。うん、僕にはそう見える。まだ縁が切れてないよ」

支店長はそこまで言うとまるで何かを思い出そうとするように一度目線を近藤さんから外した。そして「まあ、でも経験か。経験、経験」と話題を締める言葉が、カウンターの向こうにある日替わりのお品書きに向けて吐かれた。

勤め先には夏の繁忙期が終わったら辞職することを告げていた。先輩も同僚も大将も、近藤さんが地元で独立することを応援していて、別れを惜しみながらも気持ちよく背中を押してくれる。

休みの日には日帰りで実家へ戻り、不動産屋を巡ったり、厨房用品を扱う業者の営業と相談をして過ごす。開店に向けて着実に前に進んでいる実感が、近藤さんの呑み疲れを吹き飛ばす。これから新しい人生が始まるのだと思うと、胸が躍るのを止められない。不穏な支店長の予想に反して、カズヨから連絡が来ることは全くなく、近藤さんの脳裏にあの面会に纏わる何かが浮かぶことも皆無だった。

その夜は盛大な貸し切りの宴会があり、片付けに時間が掛かった。閉店後残った数名の従業員で一杯だけビールを呑み、翌日の仕込みを少しだけこなす。アパートに戻ったのは深夜三時過ぎ。

鍵を差し込みぐるりと回すと、錠が閉まった。

また施錠を忘れていたか。

寝起きが悪いのは昔からだ。

改めて鍵を回しドアを開けると、部屋の中央、暗がりの中に月明かりに照らされる人影があった。

近藤さんは、うっ、と声を漏らしつつ、その場でシルエットを凝視する。

数秒も見ていると、陰影だけでそれがカズヨだと分かった。

「お前……何してんの？」

カズヨはその問いかけに反応せず、ただ影のまま立つばかりだった。

「頭おかしいの？　何で俺の部屋、知ってるんだよ」

近藤さんは呆れながら靴を脱ぎ、壁にある蛍光灯のスイッチを入れた。

パッと部屋が明るくなると、カズヨの姿はなかった。


大学ノートに引き継ぎ項目を書き記し、それまで主に調理補助をしていた後輩に手渡す。

「もう宴会があるとき以外は自由出勤でいいからさ。たまに様子だけ見にきてくれると助かるよ」

料理長はそう言って握手を求めてきた。

居抜きのテナントを借りることが決まり、既に前金は支払い済み。

幾らか改装を施す必要がありそうだったが、焦る必要はないほど貯蓄に余裕がある。

開店のあれこれに関して問題はない。

ただ、最近妙に肺が苦しくて咳き込むことが多い。


「やっぱり、あの女のせいじゃない」

久しぶりに会った支店長がまた、そんなことを言ってきた。

近藤さんは何か言い返す気力もなく、「っすかね……」とだけ応えて項垂《うなだ》れる。

「そんなに体調悪いならさ。無理しないで、医者に診てもらいなよ。身体あっての物種だよ」

「医者は好きじゃないんですよ」

「でも、随分窶《やつ》れて見えるよ？　ちゃんと御飯は食べてるの？」

「御飯……まあ、酒は欠かしてませんから」


母からは「最近、無言電話が頻繁にある」との知らせ。

アパートでは夜中、上階のどこかの一室から女の啜《すす》り泣きが時折聞こえてくるようになった。日々の出勤がなくなり不規則な生活になったせいか、殊更に寝起きが悪い。

「じゃあ、行ってらっしゃい。ここだけの話、俺は二回店を潰してる。お前も潰せって話じゃないけど、失敗を怖がらずにやるだけやってみな。何があっても、そこから初めて見えるものがあるからな」

宮城の実家に居を移す日、店に寄ると社長からそんな花向けの言葉とともに、決して少なくない金額が入った封筒が近藤さんに手渡された。


新幹線に揺られ、実家へ。

父は出会い頭に「この家はお前にやる。母さんの関節痛が酷いから、俺達はマンションを買った」と言い出し、その三日後には家からほど近いマンションへの転居を完了させた。姉はとっくに結婚して夫の働く札幌で家を買っていたため、事実文字通りこの家は自分のものになったのだろう。

まだ二十代半ばの近藤さんもこの頃、母同様に関節痛に悩まされていた。

母の話では代々、「リュウマチの家系」なのだそうだ。親子ともリュウマチとは診断されてこそいなかったものの、祖母以前の代は皆、リュウマチの症状に苦しみながら晩年を迎えたという。

酒量が増えたせいもあって、ここ最近は起きがけの膝と足首が特に辛い。午後には痛みは消えるのだが、午前中は刺すような痛みでまともに歩けない。

幼馴染みも同窓生も皆忙しいようで、帰省の連絡をしても「落ち着いたら会おう」と言うばかりだった。

実家と業者による改装が進むテナントを行き来して一週間も過ごすと、斎藤さんはふと寂しさに負け、カズヨの着信拒否を解除してみようかと思い立った。

こちらから電話をしてもいい。他の女に連絡をするのはまるで弱みを見せるようで、恥ずかしいが、カズヨのように前後の文脈を分かっていない女なら幾ら高圧的に接しても問題はないだろう。一度ここに呼びつけて、また東京に帰すという手もある。店に悪い噂が立たないよう、今までのようにナンパに精を出す訳にもいかない。

早速携帯を操作し、カズヨに電話を掛けた。

『ゲンザイ　コノバンゴウハ　ツカワレテオリマセン　モウイチド　バンゴウヲカクニンノウエ　オカケナオシクダサイ』

テナントに連日詰めているうちに、東京からの通いでは分からなかった問題点が幾つか浮き彫りになってきた。

まず換気に問題があるのか、一日を通して屋内の湿度が高い。ドアや窓を開け放つとまだましなのだが、営業中の終始そこかしこを開放するのは不衛生だ。備え付けのエアコンは小さく、除湿効果にも限界がある。これには業務用のエアコンを購入して対応する必要がありそうだった。

次の問題は四畳ほどの納戸に散らかるネズミの糞と小虫の死骸。

幾ら掃除をしても、気が付くとまた汚れている。

近藤さんは窓もなく、まだがらんどうのこの納戸のどこに隙間があるのか見当が付かず、とりあえずはリフォーム業者に「何が原因か調べてほしい」とだけ告げることにした。

中古で購入した業務用冷蔵庫は温度設定機能に異常があり、奥に仕舞った食材が凍る。これは修理費用がかなり掛かるとメーカーから言われたため、当面は騙し騙し使うしかなさそうだ。

時々使われていないはずのカズヨの電話番号で着信があり、受話ボタンを押すと、

『ゲンザイ　コノバンゴウハ　ツカワレテオリマセン　モウイチド　バンゴウヲカクニンノウエ　オカケナオシクダサイ』

とだけ聞こえる。

どんな細工をしたらこのようなことができるのか、見当が付かない。

疲れた。

さらに酒量が増え、身体が怠い日が多い。

家の中に、誰かがいるような気がする。

自分がいないどこかの部屋や廊下を歩く足音が、ミシミシと聞こえる。

酒の味が変わった。

どんな高級な日本酒を呑んでも、甘ったるく感じる。

皿や箸、フォーク、紙ナプキンなど厨房用品が次々とテナントに納品されていくが、箱を開封する気力が出ない。

何もかも一人でこなすのは無理だったのだろうか。

リフォームが終わり、あとは納品されたものをしかるべき場所に置き、保健所の許可を得るばかりになった。

が、それをする気がどうにも重い。

不味い酒をひたすら呑み、横になる。


近藤さんの目に黄疸《おうだん》が出ていることを指摘したのは、久しぶりに会った父だった。

無理やり病院に連れられ、そのまま入院することとなった。

病室でも一人、何かの気配を感じた。


近藤さんは退院ののち、両親に開業をやめる旨を話した。

諦めた理由は建前上「やっていけるか不安になった」と告げたが、本音としては「やる気が失せた」からであった。

退院後、カズヨからの着信はなくなり、近藤さんは電話番号を変えた。

東京に戻る気にもなれず、かといって地元に居座る気にもなれなかったため、北海道に転居し、運送会社に就職した。

働き、寝て、食う以上のことはしたくなかった。

相変わらず酒はやめられなかったが、以前のように現実から逃げるような呑み方ではなくなった。

転居先の六畳一間のアパートでも、いつも他人の気配があった。


――今も、あるんだよな。


この談話は、私がまだ怪談作家としての活動を始める前、都内で引っ越しのアルバイトをしていた頃に、箱トラックのドライバーをしていた近藤さんから聞いたものである。

当時、私はミュージシャンになりたいと思っており、助手席に座る私とハンドルを握る近藤さんとで交わされる話題が「夢」に移った際にこの話が語られた。

「近藤さんが北海道から東京に戻ってきたきっかけは……？」

私がそう問うと、

「あああ。その話はしたくないしたくない」

と近藤さんは返答し、この話はここで終わる。

不安　八

朝方「夜のうちに不審者が我が家に侵入したらしい」と母が警察に通報し、すぐさま一台のパトカーが数人の警察官とともに到着した。

母曰く、寝室でテレビを見ていると、階下から若い男女グループの笑い声が響いたというのだ。

すぐさま警察を呼ばなかった理由は、「その笑い声がとてもまともな人のものではなかったから」。

調べでは玄関、勝手口、窓、全てが施錠されており、金品を盗られた痕跡もなし。

侵入者があった日の夜、二人乗りで原付を暴走させた若者男女が事故死したという事実は、警察が帰った後のローカルニュース番組で知った。

「けれども、母が聞いた声は男女合わせてざっと十人以上はいたようなんです」

知らせ

そのハガキは渉さんの元へ年一回、年賀状に混じって届いた。

「五年で五枚来たって訳」

一通目は眠る赤子の顔がアップで写る画像がプリントされていた。

恐らくは自前のパソコンで足したのだろう『かなちゃん　〇歳』という文字列が、斜めに印字されている。

二通目は少し顔立ちがはっきりし、毛量が増えた赤子の写真に『かなちゃん　一歳』。
三、四通目と〈かなちゃん〉は着々と成長し、胡座《あぐら》をかいたような姿勢で座った一枚には少女の趣を感じる。
ハガキの表面には差出人の名も渉さんの住所も書かれていない。

誰かが家のポストに直接投函しているのだ。

「これで俺が夜の街で浮き名を流す男だったら話は簡単なんだけど、残念ながら俺は女に興味がなくてね。これが自分の子だなんて、あり得ない訳よ」

五通目は裏面にいつもの写真がなく、真っ白。

表面は相変わらずの未記入。

「ちょっと楽しみにしてたのに寂しいなと思ってさ」

過去四枚のハガキを引き出しから取り出した。

が、それらの裏面も真っ白になっていた。

不安　九

毛利さんが仲間と三人で渓流釣りをしていたときのこと。

一人が「おい。あの人、大丈夫か？」と声を上げた。

指差すほうを見ると、一人の男が大木の上方にある一本の枝に両手を掛けてぶら下がっていた。

必死の形相で何とか落ちまいとするその様子から、毛利さんは救助の必要を感じる。

「大丈夫ですか！」

胴長靴を履いた毛利さんは川向こうすぐにあるその大木に向けて、水面を蹴って進んだ。

「なになになに！」

「毛利さん、どうしたのぉ！　お魚ちゃんが逃げちゃうよお！」

と、仲間二人の不平の声が耳に入る。

改めて見るとぶら下がる男の姿はない。

確認すると、仲間のどちらも「おい。あの人、大丈夫か？」などと言っていない。

ホステス達

スナックA　二十二歳　勤務経験一年

仕事を終え、ボーイの送迎で店から三十分弱で着く実家へ戻る途中のこと。

出発から五分ほど経った頃、ハンドルを握るボーイが「窓開けていいですか」と提案してきた。

季節は冬。

窓を開けたらさぞかし寒かろうが、運転中の眠気対策なのかもしれない。

寒さを我慢するくらいなら事故を起こされるよりもましだ。

「いいよ」

と声掛けすると、「あ。じゃあ」と小声で返されたのち、四枚の窓全てが全開された。

「ちょ、ちょっと！　全部開けなくてもいいんじゃない！」

慌てて大声を上げると、ボーイはアクセルを踏んだまま思い切り顔を後部座席に向け、

「だって、こうしないと出ていかないじゃないですか」

と言う。

「何言ってるのよ！　危ないから前見てよ！　あなた、まさか酔ってるの！」

半ばパニックに陥りながらそう非難したが、ボーイはゆっくりとまた前を向き、黙ってハンドルを捌く。

「もういいから！　降ろしてよ！　歩いて帰る！　あんた何なのよ！」

身の危険を感じそう叫ぶと車は事もなげに路肩に寄せて停まった。

パニックを怒りに変え、ぶつくさと不平を漏らしながら車を降り、顔馴染みの個人タクシーを呼びつけて家に戻った。

翌日の出勤ではママにまずボーイの不始末を告げ、何食わぬ顔で出勤してきたボーイを出番のホステス総出で取り囲んだ。

が、ここで話がズレる。

まず、ボーイは「昨晩送迎していない」と主張する。

すると、「言われてみれば」と他のホステス達も同調しだす。

ママも「そういえばそうね」と何か思い出す。

「でも、あたしは確かに……」

と同調圧力に対し半泣きになりながら言い返そうとするも、

「だって、このボーイさん、昨日ヘルプで入った卓でシャンパンをがぶ飲みして、最後はトイレに籠もり切りだったじゃないの。あんた、覚えてないの？」とママ。

気まずくなった他のホステスは黙り込み、言いがかりを付けられたボーイは少しムッとしていた。

では、昨日深夜の一連は夢か幻の類だったのだろうか。

いや、そうは思えない。

とりあえずその場は納得をした振りをして収めたが納得がいかず、勤務中に隙を見て件の個人のタクシーに確認の電話をした。

「え？　そんなに酔ってたふうには見えなかったよ？　一緒にいた女の人に聞いてみたら？　ほとんどシラフだったたと思うよ？」

「一緒にいた女の人？」

「うん。いたじゃん。『一緒に乗らなくていいの？』って俺、聞いたじゃない。それは覚えてる？」

「何？　女って？　いないわよ。あたし、一人だったもん」

「いやいや。いたって、ピタッと君の横にくっついて立ってたよ」

冗談を言っているようでもない。

しかし、そんな連れ合いがいて記憶にない訳がない。

何もかもチグハグで、今度はこの電話の相手に腹が立ってくる。

「それ、本気で言ってる？　で、どんな女だったっていう訳？」

「どんなって……女は女だよ……んな、じろじろ見てないから服装とか顔までは覚えてないけどさ……」

このままでは気分が腐るだけで埒《らち》が明かない。

電話を切り、また客の元へ戻る。

閉店後、ママから「あんた、もう怖いから昨日の話を店でしないでね」と諭され、続いて「色んなお客さんもいるし、今まで色んな女の子がうちで働いてきたからね」と言われた。

スナックB　四十八歳　勤務経験延べ二十年ほど

厭な感じがするお客さん、たまにいるよ。

あたし、別に霊感があるとかじゃないんだけど。

でも、誰が見ても厭な感じがする人っているじゃない？

辛気臭いっていうのともまた違ってさ。

何て言うんだろうね。

何か憑《つ》いてるんじゃない？　って疑っちゃうような。

前にさ、男五人で入ってきたグループがいてね。

二次会だったのかな。結構、もうできあがっちゃっててね。

その人たち、わーわー言ってるんだけど、その盛り上がってる中でも、一人の男の人だけは、何か気になるところがあるのよ。

合わせて表情は和らげてるんだけど、目だけは笑ってないっていうか。

でね、あたし思わず言っちゃった訳。

若い人だったから、年の功で言ってもいいかなあって思って。

――あの、こういう楽しい場で言うのも変ですが、もしかして何か悩んだりしてますぅ？

そしたらその人、ギョッとした顔をして「え。姉さん、分かるの？」って言う訳。

――ええ。何かそんな気がして。

そしたら、その人ね。実は最近何か調子が悪くてちょっと身体が重いんだよね、なんて言い出す訳。何それって感じでしょ。あたし怖がりだから、そういう話は基本的バッテンなのによ。

あたしはその時点で、ああ聞かなきゃ良かったって後悔してたんだけど、その人は話が止まらない訳。やっと話せる、みたいになっちゃって。

でね、聞くともうとんでもないこと言ってくる訳。

二階の寝室の窓から知らない男が覗いてきたとか。

四歳の子供が家の中で知らない人が歩いているのを見たとか。

妻が夜中に悪夢を見て叫ぶとか。

それ言われても困るでしょ？

こっちはただの熟女ホステスなんだから。

相槌は打てるけど、それ以上は話が膨らまないし、膨らませたくもない訳。

怖いもん。そんな話を延々されたら。

そしたら、その人が、肩凝りも酷いんですよぉなんて言うから、これは！　と思ったのよ。というのも、あたし、昼にマッサージ師もやってて、肩凝りは得意分野な訳。作家先生は凝ってるとこある？　ああ、そう。パソコンばっかり弄ってるとそうね。眼精疲労も肩凝りに繋がるのよ。うん。

その人の肩揉んで、はい、これで終わりって感じにしたかったのよね。

もうこんな話聞きたくないし。

——肩凝りですか？　どれどれ、ちょっと背中をこっちに向けてください。

それでね。

その人の肩に手を触れたら。

もうそれだけで、ズシッとこっちの肩が重くなったのよ。

うわーって思いながらも急には止められないじゃん。

やだなーって思いながら肩を揉んで、そうするとあっちはほぐれて、でもあたしの身体はどんどん重くなってきて。

結局肩揉み終わった後、あたしトイレにしばらく籠もっちゃってさ。

その様子を見たママに声掛けてもらってその日は、生理が辛過ぎるって嘘吐いて早上がりさせてもらったの。

アパートに帰ったら、ここからがもう最悪で。

何か部屋がじとーっとしてる気がするの。感じたことのない湿気でさ。

どぶの水が気化して漂っているような感じ。

まず服を着替えて……シャワー浴びて……それでもさっぱりしないから塩を舐めて……

そこまでやっても全然気持ち悪い感じな訳！

あんた、怪談の人だからそういう経験あるでしょ？　え？　ないの？

向いてないいんじゃゃない？

独りで部屋にいても、男の人が言った話を思い出しちゃって、急いでカーテン閉めたりして、テレビも点けて、もう明かりも消さないでベッドに入ってさ。


そしたら。

パタパタパタ。

って音が聞こえて。

目を開けたら窓が閉まってるのに、カーテンが揺れてたの。

ほら、言わんこっちゃない。

やっぱり、ああいう人に付き合ったらダメなんだって！

それで、気持ちとしては外に飛び出したくなってたんだけど、何か身体が動かない訳ね。

あたし、もう泣きそうになっちゃって。何とか目だけは瞑ろうとして、ぐっと瞼を動かそうとしたら、ものすごく冷たい手で腕を掴まれたの。

反射的にパッて目をかっぴらいちゃうでしょ。

そしたら目の前に、男の顔があって。

その男の顔ね。

何て言ったらいいんだろう。

鼻がないのよ。

鼻があるところに握り拳くらいの穴が空いてて、その中にまた顔があるのよ。

え？　分からない？

顔の中にまだ顔があるの。

その小さい顔は女の子の顔で、その女の子は凄い笑ってるのよ。

ああ、見ちゃダメだって思ってさ。ぎりっと目を閉じて。なんまいだぶ、だったか、なむみょうほうれんげきょう、だったかとにかく頭の中で念仏を唱えたのよ。何回も何回も。

効果があるのかどうか分かんないよ。でも、もうそうするしかないじゃない。

そうやって何回も何回も念仏唱えてたらすっと身体が軽くなった瞬間があって、ああ、これで終わったんだって思って目を開けたの。

そしたら、朝になっててさ。

びっくりよ。

夢？

夢だとしても、怖いじゃないの。

何にせよこんなこと金輪際《こんりんざい》あったら堪《たま》らんし、マッサージももう辞めようかなって思って、揉みの師匠、凄い尊敬してる人なんだけど、あたしにマッサージを教えてくれたおばあちゃんに朝からすぐ電話して相談してみたのね。

そしたら、それはお前に才能がある証拠だから辞めないほうがいいって諭されて。

今度、そういうのを祓う方法を教えてやるって話になって。

うん。

あー。ごめん。祓い方はちょっと教えられない。

修行がいる、ってだけは教えてあげる。

マッサージの仕事？　たまにしかやってないけど、評判は良いよ。

まあでも、もう厭な感じがする客には触りたくない。
幾らお金貰ってもいや。
怖いし。あたし、怖がりだから。

スナックC　三十二歳　勤務経験　六年

仕事を終え、アパートに戻る。
シャワーを浴び、部屋着に着替える。
ヌイグルミのコレクションから一つを抱き上げて、ベッドに横たわる。

どんっ。

と音がする。
見ると、床に常連客の生首が「また、いつものように」転がっている。
相変わらず開いた目はこちらを見ておらず、いかにも自分に興味がなさそうだ。

これがたまにある。
店で生首の本人に話すと、ただ笑うばかりで原因は究明できていない。
いつか思い切り蹴ってやろうと思っている。
お触りをしてくる、嫌いな客なのだそうだ。

不安　十

百合子さんから聞いた話。


小学校の頃、頬に大きな火傷の痕を持った同級生がいた。

男子の何人かがそのことを馬鹿にし、女子の何人かが彼女を無視した。

何故火傷したのかは、クラスメイトの誰も知らなかった。

彼女は五年生に上がる直前に転校した。

噂好きの母から「あの子の家、自己破産しちゃったのよね。お金に困ってたってこと」と聞かされた。


のちに百合子さんは小学校教諭として母校に赴任されることになった。

そうして、いつからか母校の七不思議の一つとして、「頬に火傷のある女の子が出る」というものが作られていたことを知り、じくっと心が痛む。

「実際、見た人も沢山いるんですよ」

と真面目そうな教頭は言った。

「新校舎になってからは全然なかったんですが、ここちょっと前から。ああ、百合子先生が来るちょっと前くらいから、〈見た〉って人が久しぶりにちらほら出てきたんですよ」

百合子さんの心はまた、じくっと痛む。

友人の首

田端さんは大学時代に出会った、変わった友人に纏わる話を私に教えてくれた。

友人の名はトシアキ。

トシアキはいつも無地のトレーナーとジャージかスラックスを着ていて、目立たない風貌をしていたという。

「俺さ、一週間前から墓場に通ってんだよ」

夏季休暇のある日、トシアキはすっとぼけた口調でそう言った。

大学図書館にはちらほら人がいたが、幸いトシアキの声は誰にも届いていない。

「墓場？　何で？」

「お化けを見たくてさ。墓場が一番出やすいだろ？」

トシアキは良く言えば〈天才肌〉なところがあり、以前から安いキーボードを買って誰に聴かせる気もない曲を作ったり、一本の映画の字幕を全てノートに書き写したりと、衝動に正直な行動を取っていた。

即ち、彼が言う「墓場に通ってんだよ」も決して冗談ではなく、本当に通っているということだ。

「いやあ。怖いことするね。で、お化けには会えたの？」

「会えない会えない。かすりもしないね。日替わりで色んな墓場に行ってるんだけど、最近は蒸し暑いし、急に雨も降るだろ？　しんどいよ」

田端さんは「じゃあ、やめたら？」とでも言ってやりたい気持ちを抑えて、「そうか、大変だね」と適当に話を進めていたが、あまりにも否定的な意見を控え過ぎたせいか、「いつか墓場に一緒に行く」と約束が交わされる事態にまで及んでしまった。

詳しく聞くとトシアキは自転車で一時間以上も掛けて、寺院の墓所や霊園に向かっているという。トシアキは体力がやたらとあり、運動神経も妙に良い。

あとはもう少し常識があれば、友達も増えるだろうに。

流石に長距離サイクリングにまでは付き合えない。田端さんは自分の車を出すことを自ら提案し、「それでは早速、明日の晩にでも」と急な話が結ばれた。

そして、翌日。

田端さんは暗くなってきた頃にトシアキへ『何時くらいがいい？』とメールを送った。

即座に返ってきたメールには『もっと暗くなってから迎えに来てくれたら嬉しい。暗いほうが遭遇率は高いと思っている』とあった。

なるほど、と田端さんは思わない。

肝試しは嫌いではないが、これから奇妙な友人と二人きりで墓場を見て回るのだと思うと、正直、気が重かった。

そろそろこれ以上は暗くなりようもないほど夜が更けた頃、田端さんは再度メールを送ってから家を出た。

アパートに到着し携帯をワンコールすると、トシアキはすぐに姿を現した。

表情は至って真剣だが、首元のゴムが伸びた白地のTシャツと、インディアンのロゴが付いた青のキャップが彼の幼児性を際立てている。

「どこに行こっか」

トシアキは助手席に乗り込むなり、妙に呼吸を荒くしながらそう言った。

田端さんはてっきり既に行き先が決まっているものだと思っていたので、その質問に幾らか辟易しつつも、「任せる」と応えることにした。

「じゃあ、俺は前も行ったことあるんだけど田端はこういうの初めてだろうし、A霊園に行こう。あそこは有名なんだぜ。お前も知ってるだろ」

田端さんは「確かにあそこは有名だ」と、うろ覚えの知識で同調した。

どうせ、何も出ないのだ。

肝試しをしたあとにファミレスにでも行って、こいつに何か奢《おご》ってやれば良いアクティヴィティにでもなろう。田端さんはあくまでその程度の意気込みでアクセルを踏んだ。


夜の霊園の風景はあまりに想像通りだった。

道路沿いに街灯があり、大小様々な墓が並んでいる。

思ったより清潔感があり、街から離れているせいか幾分、涼しい。

トシアキは「行こうか」と車を降り、霊園に足を踏み入れたあとは気の向くままに闊歩《かっぽ》した。田端さんにできることはトシアキの後ろをただ付いていくのみ。

縁もゆかりもない人々の墓を見て回るのは、懸念していたほど退屈ではなく、グローブの形をしたり、でかでかと詩のようなものが刻まれたりした現代的な墓のデザインを見ていると、社会勉強にはなる気がした。

トシアキは時々キョロキョロと辺りの様子を確認した後、クイッと不満げに首を捻っている。

「今日も……ダメかな」

意味するところは「今日もお化けは見られそうにない」ということなのだろう。

「帰るか？」

「ああ……そうだな……でも、ちょっと」

トシアキは不意に横に歩みを逸らすと、ズボンのファスナーを開け、ジョボジョボと大理石の墓に向かって小便を掛けた。

「お！　おい！」

「ああ……大丈夫……全然、大丈夫です」

「何がだよ！　ガキじゃないんだから、そんなことすんなよ！」

「いやあ、でも、一応」

田端さんは猛烈に怒りを表明しているのだが、トシアキは全く動じる様子もなく落ち着いた声を出す。

「てめえ！　ふざけんなよ！　やっていいことと悪いことの区別も付かねえのかよ！　このイカレ野郎！」

田端さんは暢気《のんき》にファスナーを閉めるトシアキにそう怒鳴りつけて、一人で車に向かった。

今度はトシアキが友人の後を追う番となった。

田端さんには決してトシアキを置いていくつもりはなかったが、怯えさせるくらいの罰が彼には必要だと思っていた。

「ごめんごめん。ちょっと。待ってよ。しょうがないんだよ」

「何がしょうがないんだよ！」

「俺、もう最近、こんなんなんだよ。我慢できなくて」

「何だよそれ！」

「おかしいんだよ。ちょっと困ってるんだよな」

「何がだよ！」

「墓を見たら小便漏れそうになるんだよ」

帰路の車内、トシアキは飄々《ひょうひょう》と田端さんに自身の奇行について伝えた。

「俺、初めて墓に行ったときに小便をした訳。墓に目掛けてね。こうすれば流石にお化けが出てくるんじゃないかと思ってさ。そしたら、不思議と翌日から小便が出ない訳。最初は別に小便出ないからって困ってもなかったんだけど、墓場に行くと必ず凄い尿意が湧いてドバドバ出ることが分かったら、ああ、俺ここでしか小便できなくなってるなって意識しちゃってさ。これなんだろね。意味分かる？」

分かる訳がない。

妄言にも程がある。

せいぜい〈個性的〉程度の捉え方をしていた友人が、そこまでイカれているとは思ってなかった。医者に頭を見てもらわないと、今後の社会生活も怪しいだろう。

「本当はお前にも見られたくなかったんだよ。お前は何か怒りそうだろ？　でも、我慢できなくてさ」

「うるせえよ」

「でも、困ってるんだからさ」

困っていると聞いても、全く真剣に取り合う気にはなれない。

そもそも、仮にトシアキの言ってることが本当だったとしても、自分に何ができるというのだ。

「お前なあ。ふざけているつもりなら、俺はもう知らない。ふざけてなかったとしたら、俺には何もできない。もうお前とは縁を切るから、そのつもりでな。何にせよ、お前は厄介だよ。付き合いきれない」

「そう……言うなよ」

ふと助手席を見ると、トシアキはすっかり塞ぎ込んでいるようだった。

本当に悩んでいるのだろうか。

だとしたら、病院に付き添ってやる必要がある。

心療内科か精神科か。

それとも泌尿器科か。

事情を話せば、何かしらの薬が出るだろう。

「お前、明日俺と病院に行こう」

「医者かあ……嫌いなんだよな……でも、行こっか……」

田端さんはこれ以上やり取りをしても埒が明かないと判断して、ゲームやアニメの話題にずらした。

トシアキもまるで何事もなかったかのようにそれらに関して自身の見解を語っていた。


翌朝、トシアキに電話をしたが留守番電話サービスに繋がり、以降、メールをしても着信を入れてもなしのつぶてとなった。

二週間待ったのち、我慢できずにトシアキのアパートをノックしても応答はなく、中に誰かがいる気配も感じられなかった。夏季休暇が終われば大学で顔を合わせることになるだろうが、これほど消息が分からないとどうも不安に駆られる。

友人の心配をしつつも日々の生活を過ごす中、ようやっとトシアキからの着信が返ってきた。

『俺、ついに見たわ』

「何言ってんだよ。心配したんだぞ。今、どこにいるんだよ」

『アパート。今さっき、地元から帰ってきた』

「山口に帰省してたのか？　でも、連絡できただろ」

『いやあ、悪い悪い。入院してたんだよ。そんで、流れで山口に行ったから』

「入院？　入院したの？」

『携帯をここに忘れて山口に行っちゃったんだよ。悪いね』

トシアキの話はこうだった。

田端さんと病院に行くと約束した当日の早朝。

急に母から電話があった。

『あんた、お父さんが大変だから帰ってきてよ。さっき階段から落ちて肋骨が折れちゃったのよ。救急車呼んで、今から入院よ、入院』

トシアキは父が入院したからと息子が帰ってこなければいけない理由がよく分からなかったが、どうせ自分も医者に診てもらうつもりだったのだから、これは一石二鳥なのではないかと思い、「分かった」と言った。

そういう訳で、さて帰省の準備をしようかと朝から荷物をまとめていたときのこと。

久しぶりに部屋での尿意を感じ、ここぞとばかりにトイレに走った。

出たのは血尿だった。

しかも出ている間、猛烈に下腹から股間にかけてが痛い。

ううう、と喘《あえ》ぎながらも、尿は止まらない。

トシアキは、なるほどこれは確かに病院だと朦朧《もうろう》とした意識の中で思うと同時に、この真っ赤な小便はいつ終わるのだろうと不安になった。

堪え難い苦痛にも参るが、こんなに大量に血が出てしまっても人は生きられるのだろうか。ああ、本当に止まらない。

本当に。

止まらな……。

血が溜まっていく洋式便器から目を離せずにいると、
ざぶん。

と、便器からドロドロした血に塗れた性別不明の生首が飛び出てきて、トシアキの首に齧り付いた。

瞬間、意識がプチュンとブラックアウトした。

次に目を開けたときには病院のベッドで点滴を受けていた。

置かれている状況は明らかに良くないのだが、すっきりした目覚めだったという。

しばらく横になったままなりゆきを見守っていると母が病室に現れ、自分がまる一日眠りこけていたことを教えられた。母は、病院からの連絡を受けて飛んできたという。

健康状態には全く異常はないので、様子を見ていたらしい。

母は「入院中の父があんたのアパートに救急車を寄越したのよ」と言う。

「どうやって？」

「電話よ」

「じゃなくて、何で俺がトイレで倒れてるって親父が分かったの？」

「それが教えてくれないのよ。あんた、とりあえずあたしと一緒に帰るわよ」

退院した足で新幹線に乗って、山口に向かった。

父が入院している病院に行くと、思いの外、元気そうな父の姿があった。

「骨を折っても咳でちょっと脇腹が痛む程度だな。鎮痛剤がよく効いてる」

そして、父は満足げな様子で「お前、助かったな」と続けた。

「親父、俺がおかしくなってたの知ってたの？　小便、真っ赤でさ」

「何だその話。知らん。俺はお前が地獄に落ちる夢を見ただけだ」

「地獄？」

「お前が血の池地獄にいたんだよ。そんな夢を見てな。こりゃ不味いと思って、電話したんだよ」

「ああ。そうなんだ。そうか。そういうことか」


っていう、話なんだよ。


とトシアキは言うが、田端さんは相変わらず納得がいかない。

普通の親子だったら、会話がそれで終了する訳がないのだが、この親にしてこの子ありとでも受け止めればいいのか。

「血尿はどうしたんだよ。絶対に身体がおかしいだろ。小便だって、墓場でしか出なくなったんだろ？　それはどうなったんだよ」

「血尿は結局、出てなかったみたいだな。今確認したけど、便所は綺麗なもんだったよ。薄い黄色の小便が残ってただけ。さっき流したよ」

「じゃあ、それも夢だったのか？」

「いやあ。お化けだろ」

「お化け？」

「真っ赤な小便が出て、そっから首が出て齧《かじ》り付いて。そういうお化けだよ。絶対に」

「絶対にって……わ、分かった。もういい」

とにかく今から会おうと約束し、待ち合わせの駅前に現れたトシアキの首には、今までなかった小さな黒子が三つあった。

「お前、その首の黒子……」

「齧られたからだろ。だから、お化けなんだって……」

トシアキは何故か自慢げにそう言ってニコリと笑った。

※　※　※

私はこの談話をここまで記したのちに、確認のため田端さんにメールで送信した。

田端さんからは「これでオーケーです。ユーモラスに書いてあるのが、トシアキの雰囲気に合っててていいですね。一応、トシアキにも確認してもらいたいんで久しぶりに連絡を取ってみます。大学卒業してからもたまには連絡取ってたんで」と返信がきた。

しばらくしてから田端さんから来たメールには「トシアキ、喉頭癌になってました。原稿には問題ないそうです」と書かれていた。

不安　十一

新幹線の二列シート。

隣の乗客がこう言った。

「あの……その肩、重くありません？」

確かに朝から強い肩凝りを感じていた。

何故分かったのだろう、と思うより、見知らぬ男に気安く話しかけられたことに、とても腹が立った。

「結構です……」

無視をしても良かったが、何か言わなくてはと思った結果、そう言ってしまった。

「あ、すみません」

男は申し訳なさそうに肩をすくめ、以降は話しかけてこなかった。

久しぶりの実家に到着すると、すぐさま高熱を出し、三日ほど寝込んだ。

布団で朦朧としつつ（あの男は俺の肩に何を見たのだろう？）と何度も思った。

似た人

吉乃さんは十代後半から二十代前半に掛けて、とある地方の芸能事務所に所属していた。仕事は地方新聞に折り込まれるチラシに商品とともに写ったり、何かしらの催事、キャンペーンなどが地元で開かれる際のイメージ写真に起用されたりと、モデルとしての活動がメインで、「田舎にしては仕事はあった」とのこと。

現在は専業主婦で二人の子供を育てているというが、その垢抜けた雰囲気はモデル時代の名残りだろうか。

「若気の至りっていうんですかね。当時、ほんとにあたしは自惚《うぬぼ》れていて」

吉乃さんが口角を上げボディタッチを少しするだけで、男達は目尻を下げ何かしらの御褒美をくれた。

それは仕事であったり、高級なご馳走であったり、プレゼントであったり。

ある社長はディナーに付き合うだけで五万円を財布から手渡した。

ありがとうございます。

とびきりの笑顔でそう言ってから去る。

「乱暴されたことはなかったんです。上手くあしらうのも得意だったし、あたしのお父さん、地元で有名な運送屋の社長だったんですよ。まあ、おいそれとは手を出せませんよね」

高嶺《たかね》の花が微笑んでくれれば、ほとんどの中年男性はいちころだ。

吉乃さんはといえば自己顕示欲も支配欲も満たし、なおかつ収入になる。

パパもママもあたしの活動に鼻が高いようだし、年齢的な旬を過ぎるまではこのままでいようかしら。

吉乃さんはそんなふうに自分の恵まれた容姿と環境を謳歌《おうか》していた。

「しばらくはチャラチャラと暢気にやってたんですが、ちらほらとあたしの悪口が聞こえてきて」

枕営業。

金を騙し取る。

わがまま。

身に覚えのない罵詈雑言《ばりぞうごん》が、「あの人があなたをそんなふうに言ってたから、気を付けたほうがいい」と知人の口から忠告として飛び出してくる。

「今思うと、それをあたしに教えるのもおかしいですよね。みんな、きっとあたしのことが嫌いだったんだろうなあって、今なら分かります」

こうなると、他のタレントやモデル、薄い付き合いの知人らと顔を合わせるたびに疑心暗鬼が生じる。自分を見て喜ぶのは、いやらしそうなおじさんばかりだ。

これじゃあ得るものより、失うもののほうが大きいじゃないか。

ストレスの重みに堪えかね口角を上げることに疲れると、吉乃さんの仕事は幾らか減っていった。

だが、そんな状況にあっても、街のそこかしこに飾られた看板やポスターに映る自分が誰かの嫉妬の火に油を注ぐ。

若手モデルにビンタをかました。

万引きで前科がある。

組織的に売春を仕切っている。

いわれのない噂話は更にエスカレートした。

「ああ、これはしんどいな、もう上京しようかな、なんて思っていた頃からなんです。それが始まったのは……」

ああ、もう包帯取れたんだね。

良かった。

びっくりしたよお。

あんなに包帯でぐるぐる巻きになってるんだもん。


整形かと思って何も言えなかったんだよなあ。


何の話をしているのかさっぱり分からないことを、複数人から言われた。

もちろん言われるたびに「包帯って何ですか？」と尋ねるようにしていたのだが、「君の顔に巻いていた包帯だよ」と言われて少しムッとされる。

これもまた新手の嫌がらせなのだろうかとも疑ってはみたが、包帯のくだりを話し終えてからの彼らの振る舞いには、全く邪気が感じられなかった。

「包帯を巻いてあたしのふりをしている輩がいるんだな、と思ったんです。だって、みんな包帯のあたしと会って話したって言うんですから」

包帯の吉乃さんは、本人が普段着ている服を着て、いかにも本人が言いそうなことを本人の声音で言うらしい。

何のためにそんな手が込んだことをするのかと考えると、やはりこれも嫌がらせの類に思える。実際、嫌なことをされている実感があるのだから。

しかし包帯の吉乃さんには一点、誰もが印象に残す言動があったとも、会った人から冗談交じりの口調で聞いた。

「その包帯、どうしたの？」と問うと。

「こうなるの」と答えていたというのである。

もちろん言われた側はその意味が分からないので「どういう意味」と聞き返すが、それに応じずにまた雑談に戻る。

デリケートな話題ゆえ、それ以上の追求は誰もできない。

吉乃さんは事態が複雑になるのを避け、包帯の女の話をされても「うん、うん」と聞くに徹していた。

いつかその女に遭遇するかもしれない。

会ったら、思い切り怒ってやろう。

大体からして、モデルのなりすまし行為は何かの法律に触れているのではないだろうか。

普段通りの行動を取りつつ、常に目を光らせた。

が、結局一度も包帯の女に会うことはなく、ある時期からパタっと女に関する話を聞くことはなくなった。

相変わらずギスギスした妬み嫉みに晒され、半年が経った頃。

吉乃さんは何人かいる「彼氏未満の男」の一人から酷い暴行を受けた。

イタリア料理を出す店の二階、個室で彼は料理が載った大皿をそのまま、吉乃さんの顔面に投げつけてきたのだ。

和やかな会話の中で何がトリガーとなって突然彼がそんなことをしだしたのか、吉乃さんは今でも分からない。

大皿は吉乃さんのおでこに強く当たり、何片かに割れた。

吉乃さんは声も出せないほどの痛みを感じ、直後にうずくまった。

男は今度は小皿を次々と放ってくる。

それらは当たるものもあれば、当たらないものもあった。

喧騒を聞きつけすぐに店員が現れ、血走った目で次の皿を投げようとする男は取り押さえられた。

店側は器物破損、吉乃さんは暴行で男を訴えることができたが、両者とも「ことを荒立てたくなくて」、全て金で解決させた。

店員が現れてから先の男の様子は、まずは呆けたようになり、次に段々と震え、最後には「何故こんなことをしたのか」と泣きだす始末だったそうだ。

店員は吉乃さんを見て「すぐ救急車を」「大変ですよ」とさも一大事であるようにすぐ病院に行くよう促した。

当の吉乃さんはこの時点で冷静を通り越し、すっかり呆れていた。

店員にお願いし、車で最寄りの救急病院に連れていってもらった。


「で、結局。顔に包帯をぐるぐる巻くことになったんです」

脳天には大きな傷、頬や口の周りにも小さな切り傷が沢山付いた。

命に別状がある外傷ではなかったが、元通りにするために十二分の治療を要するため、後日美容整形外科にも行くことになった。

ついでに少し目元と唇の形も整えてもらったというから、吉乃さんのバイタリティには頭が下がる。

流石に包帯姿での外出は控えていたそうだが、もし知り合いに会っていたら「また包帯を巻いているの？」とでも言われていたかもしれない。

包帯が取れたと同時に事務所から抜け、上京したのだという。

「人に見られる仕事は嫌いじゃなかったんだけど、誰に見られて何を思われてるのかって思うと、やっぱりねえ……あれを続けられる人は鈍感なのかしら……」

不安　十二

警察が厳重注意をしてくれたおかげで、男は姿を消した。
キャバクラ時代の負の遺産。
ストーカーと化した二十代の男。
家の前に立つ姿をドアスコープ越しに見た。
電柱の陰に隠れている姿も目にした。
スマホで路上にいる男の写真を撮り証拠を押さえていたので、警察の対応も早かった。

だが、数年後また男は現れた。
またドアスコープから男がいるのを確認し、また電柱の陰に男を見た。
機を見て、スマホでまた写真を撮った。
が、男は写っていなかった。
警察に相談すると、その男はもう亡くなっているからあり得ないと諭された。

ホームレス

それは、古田さんの住んでいる地域に於いて、とても珍しい光景だった。

駅前の空きテナントの前に段ボールとリヤカーが置いてあり、傍にみすぼらしい格好の老いた男が座っている。駅から出てくるサラリーマンは皆、帰路を急ぎつつも男を一瞥していく。

朝はここにいなかったはずだ。

今日のいつ頃にかここに引っ越してきたのだろう。

確かに今の季節なら野宿で死ぬこともない。

とはいえ、恐らく彼は巡回する警察官に注意を受け、この場を去らなくてはならない。

家に帰ると、妻もそのホームレスのことを話題にした。

「ああ。あたしは昼頃に見たのよ。あそこだと目立つよね」

「もう今頃には移動させられてるんじゃないのか」

そんな古田さんの予想通り、翌朝の駅前に彼の姿はなかった。

リヤカーも段ボールも綺麗さっぱり片付けられている。

「やっぱり、いなくなってたよ。どっちにせよ、ここじゃ冬を越せないだろうしね」

「そうね。幾ら若くても雪が降ったら無理よ」

「ましてやあんなお爺ちゃんだと、秋頃にはもうしんどいよ」

「お爺ちゃん？　若かったわよ」

「え？　どう見ても七十近かったよ」

「違うわよ。三十くらいよ」

どちらかが見間違いをしているのは間違いなかった。

ホームレスは年齢不詳である場合が多いが、それにしても両者の見立ての開きが大き過ぎる。些細なことで揉め事が起きるのは夫婦の常で、案の定議論は白熱した。

「皺くちゃだったじゃないか。髭もじゃで」

「そんなことないわよ。髭だって綺麗に剃ってて、ちょっと色が黒かったくらいよ」

「何言ってんだ。目がおかしいんじゃないのか」

古田夫婦は答えが出そうもない言い合いをさんざんした挙げ句、警察に電話をして確認することにした。

「教えてくれる約束もないけど、とりあえず電話してみよう。駅前交番でいいだろ」

夜だというのに、古田さんは意気揚々と交番に電話した。

『はい。駅前交番です』

応対した警察官からは『ホームレスですか？　駅前に？　あの、犬が横たわっていたって話ではなくですか？　犬でしたら保健所が連れていきましたが。ホームレス？　リヤカーもあったんですか？　いえ、そのような報告はありませんでしたよ。あなたが言っている場所には弱った老犬が横たわっていただけです。はい』との回答。


「犬なんていたか？」

「いなかったわよ」

「人だったよな」

「そうよ」

「駅前交番ってあの空きテナントの真ん前だろ？　話がおかしくないか」

「おかしいわよ……」

夫婦はそれ以上話すこともなくなり、「ええ……何かねえ」と顔を見合わせるばかりとなった。

不安　十三

また夫婦喧嘩してる。
と、妻が言う。
時々、隣家から男女が激しく言い争う声がキンキンと響いて我が家に到達する。
何を叫び合っているのかは、はっきりとは分からない。
これほど大きく響いて聞こえてくるのに、判然としないのだ。
何故妻はこの事態に平然としていられるのだろうと、夫は思う。
隣家の夫婦がこの世を去って、もう三年になる。
こういうとき、ショウタ君はどうしてるんだろうね。
とまた妻は言う。
無理心中に巻き込まれた隣家の子供は、享年八歳。
確かに、ショウタ君の声は一度も聞こえてきたことがない。

夫は、もうその話はやめよう、と妻に言う。

コンビニ伝説

三十二歳、フリーターの小山からこんな話を聞いた。

「俺がバイトしてるコンビニの先輩がさ、急にちょっと面白いこと言い出したんすよ」

その古株の先輩は店内業務のことを熟知していて、後輩バイトの面倒見も良かった。

長年コンビニと日雇いの仕事を掛け持ちして生計を立てているそうで、どこか怪しさもあったが頼れる人柄だったという。

ある夜勤の日、小山は先輩と並んでレジに立ちつつ、お馴染みの女性客が持ってきた商品を精算した。

いかにも常連らしい短い礼を残して帰るのが、その客の特徴だった。

数人並んでいた客が皆帰ると、先輩はふと、

「小山君、さっきの女の人が買っていったもの覚えている?」

と言った。

先輩は基本的に生真面目なタイプで、その問いはいかにも仕事上において重要な話と

いった口調で投げかけられた。

　小山もまた真面目に返答する。

「えっと。ビニールテープと便箋ですね」

「ああ。じゃあ、今のお客さんは二度とこの店に来ないね」

　先輩は脈略が全く掴めない良からぬ台詞を、いとも簡単に口にした。

「何の話っすか？」

「ビニールテープと便箋。あの組み合わせ、良くないいんだよ。なかなかその組み合わせ二点のみで買っていく人いないいんだよね。ああ、あのお客さん、綺麗な人だったのに」

　先輩はこれで話は終わり、とでも言うようにレジから出ると、雑誌を数冊掴んでバックルームに引っ込んだ。

　狐につままれたような面持ちの小山は、この先輩はやはりどこか怪しいのだなと再認識し、定時までの業務をこなした。

　その後、本当に件の客はパタリと店に来なくなった。

　尤も、どんな理由で足が遠のいたのかは調べようがない。

　ヒントは先輩が言った購入商品の組み合わせにあるのだろうか。

　改めて先輩に、何故こうなることが分かったのかを詳しく訊くことにした。

「これ、俺も昔いた先輩から聞いてるから真偽は定かじゃないんだけど、これまでもほんとにそのお客さんが来なくなってるから、ホントなんだろうねえ……」

先輩が語った話はこうだった。

かつて、このコンビニから便箋とビニールテープを買っていった中年の男性客がいた。

早朝に現れ、さっとそれだけを買って去っていった。

その日の夜には警察が来た。

何重にも巻いたビニールテープをドアノブと首に巻いての自殺。

便箋は遺書となっていた。

生前の男を最後に目撃したのがこのコンビニの店員だった。

その後、このコンビニで不思議なことが起きていることに店員達は気が付いた。

〈最近見なくなった客〉が、決まって最後には「ビニールテープと便箋」を購入しているのではないか。

誰かが冗談で言ったそのひと言が引き金となった。

皆で記憶の限りで確認すると、「あっ」「そういえば」と声を上げる者がいた。

「もしかして、みんな死んでない？」

「いや、そんな訳ないだろう……そんなことある訳が……」

初めの頃は店員達も笑い話として考えていた。

そもそも頻繁にいなくなる常連客がいる訳ではない。

来店しなくなった常連客の全てを把握している訳もない。

一人の店員がわざわざ〈最近見なくなった客〉が実際にビニールテープなどを買っているのかを、監視カメラの録画で確認した。

すると、確かにレジに載っている商品はその二点だった。

こうなると、店員達の間にもいよいよ緊張が走る。

とはいえ、そうそうその組み合わせで買う客もいない。

そして、今に至る。

小山は「俺もあの組み合わせで買ったら何か起きるのかなって、たまに買ってみたくなるんすよね」と話した。

不安　十四

ファストフード店で注文を済ませ、席に着く。

ふと、レジカウンターの前に立つ女性客が目に入る。

何を注文しようか考えあぐねているのだろうと初見では思った。

が、次々と他の客の注文ばかりが取られていき、どうやらこの女は店員らから無視されているらしいと分かる。

確かに無視するべき存在なのだろう。

よく見ると女は裸足で、ずっとニタニタ笑っている。

こういうのを見たのはこれで三回目。

友人達からは「妙に勘が良い人」とかねて言われているが、これは勘ではないだろう。

呑まれるな

小堀さんが五年前まで付き合っていた女性〈加奈子さん〉から聞いた、「忘れられない」話。

加奈子さんは雇われバーテンダーで生計を立てていた。

本人は特にバーテンという職業に思い入れはなかったようだが、一応は下積みもしており、数百種類のカクテルを作れる。

容姿も愛想もよく、店ではかなりの人気を誇っていたという。

その夜、加奈子さんはいつものように勤め先のバーに出勤した。

時給で働いていたのだが契約上は社員扱いとなっている加奈子さんが、一番乗りで店の鍵を開け、一時間遅れでバイトが入ってくることになっていた。

店に入るなり、加奈子さんは悲鳴を上げた。

オーナーが仰向けで床に倒れている。

しかも、口にはテキーラの瓶が深々とほぼ直角で突き刺さっていた。

オーナーはぴくりとも動かず、目を大きく開けていた。

加奈子さんはすぐさま通報をし、パトカー数台と救急車がサイレンを鳴らして到着すると、繁華街は騒然となった。


オーナーの自宅マンションには本人の筆跡で遺書が遺されていたため、自殺として処理された。

加奈子さんは遺書の内容は全く知らないが、「株で大損して借金に苦しんでいたらしい」とはバーの近所の居酒屋で聞いた。

「しかし、何でまたテキーラで」

と、オーナーを知る者はよく言った。

自殺するためにテキーラをがぶ飲みするのは異常だ。

そもそも確実に死ねるとは限らないし、自分で瓶を口に入れて横になったままキープするのはかなり難度が高い。

普通に考えたらそうだ。

けれど、加奈子さんは普通に考えることができない。

毎週水曜日は客足が目に見えて悪かったため、通常は一人、時々オーナーと二人で店を回していた。

オーナーがいる日、テキーラの瓶はよくひとりでに動いた。

カウンターの後方に並ぶ何十本もの銘柄の中、テキーラだけがふと見るとカウンターの上に載っていたり、床に転がっていたりした。

初めてテキーラの移動があった日、加奈子さんがオーナーにそのことを伝えると、オーナーは、

「いいよ。ほっときな」

と、いかにもつまらなそうに言った。

オーナーは離婚歴三回、飲食店を倒産させること四回。

「色々恨まれることもあったんじゃないの」

と、彼女は小堀さんに話した。

不安　十五

キン肉マン消しゴムで遊んでいると、階下から母の呼び声が聞こえた。

「はぁい！」

元気のいい返事をしてから更に「なぁに！」と叫ぶ。

それ以上、母からの応答はなく、少年は念の為にと一度部屋の外へ出て、階段を覗いた。

ダイニングから母が料理をする音が聞こえていた。

少年はまた部屋に戻る。


すると、やたらめったらに転がしていたキン肉マン消しゴム数十体全てが。

立って。

少年に向いていた。

海

義史さんは東北の海沿いの集落の生まれだ。

あくまで個人的な体感からの物言いになるが、海育ちの人は珍しい怪談話を持っている場合が多い。

狙い撃ちで芳雄さんに水を向けてみると、想像以上の釣果を得ることができたので、ここで幾つか紹介する。

義史さんの父、昭雄さんの会社員時代の体験

昭雄さんは内陸寄りの中小企業で事務職に就いていた。

父も祖父も漁業を営んでいたが、家業は長男が跡を継いでいて、昭雄さんは結婚するまでは実家暮らしをしていた。

仕事の上で知り合った女性と結婚し、妻が「ここでのんびり生きたい。子供が生まれたらここで育てたい」とやけに集落を気に入ったので、実家の近くの土地を買い、家を建てて今に至る。

昭雄さん自身も集落の不便さをさほど感じていなかったそうで、時々起こる大渋滞を見越して朝五時前に会社へ向かうルーティンも簡単にこなしていた。

ある日、昭雄さんはいつも通り早朝に家を出た。

車庫のシャッターを開けて、いざ車に乗り込もうとすると助手席に見知らぬ男が座っている。

鍵は掛かっているはずだしどうやって乗り込んだのだろう？

と疑問を抱く瞬間もなく、昭雄さんは「うわあああああ！」と不審者の発見に大声を上げた。というのも、最上さん曰く、昭雄さんは「何に付けても大きなリアクションを取る、相当な怖がり」なのだそうだ。

叫んだのち、家に舞い戻り妻を呼んだ。

対して「母のほうが肝が据わっている」とのことで、なるほど彼女は警察に電話をする訳でもなければ、武器の類を手にすることもなく、サンダルを履いてのしのしと車庫に歩んでいった。

昭雄さんはまるで妻の陰に隠れるように付いていった。

まだ男はそこにいた。

妻は社内の男を見るなり、

「ちょっと、あなたそこで何してるんですか！　警察呼びますよ！　出てきなさい！」

と凄む。

昭雄さんといえば、この男を外に出してどうするつもりなのだろう、と不安に思いながら成り行きを見守るばかり。

都会の方々にはこの時点で誰一人警察を呼ぼうとしていないことに、違和感を覚えるかもしれない。これもまた経験則からのみくる物言いになるが、東北ではこういった展開が往々にしてあるものだ。

妻の大声も虚しく、男は微動だにしない。

男は短髪で浅黒い肌をしているという以外特に特徴もなく、こちらに全く目線を向けずにいる様子から、精神に何らかの異常があるのだろうことは想像できた。

妻も男の無反応さから何かを察したようで、「やっぱり警察を呼ぼう」と片時も車から目を離さずに言った。

昭雄さんはその場で携帯を取り出し、通報した。

駅前交番からパトカーが一台到着し、馴染みの警察官が一人で姿を現した。

あとは警察に任せて……となるはずだったが、警察官はとぼけ顔で夫婦の顔を交互に見て、「あの……で……?」とだけ言う。

その様子を不満に思った妻は、

「あの車に乗っている人、私達の知り合いでも何でもない、ただの変質者なんです。早く捕まえてもらえます?」

とムッとしながら訴えた。

「あの車に乗っている人……?」

警察官は目を細めて車庫を見た。

集まった三人の誰もが納得していない様子だった。

そこで、警察官が動く。

「あなた達……ちょっと俺の両手を見てよ」

警察官はそう言って、前習えのポーズ取って両の手のひらを夫婦に向けた。

そして、怪訝《けげん》に思いながらも二人は言われるままに、彼の手を見た。

パンッ！

警察官は大きな柏手を一度打った。

二人はそこでハッと我に返った

ああ。そういえば俺は前日に駅前で親戚と酒を飲んだから、車はここにないのだ。駅前の駐車場にあるんだ。

ああ。確かに昨晩、夫は「明日はタクシーで駅前に向かう」と言っていたわ。

「大丈夫？　もういい？」

警察官はそう言ってニヤついた。

夫婦は丁重に頭を下げて謝罪し、警察官を見送った。

からっぽの車庫はただ薄暗いだけだった。

地元のスポット

義史さんの実家から一キロほど離れたところに、地元では有名な〈スポット〉がある。あくまで局地的に有名な場所だそうで、義史さんから見ても「全国区になるほどインパクトがないし、〈スポット〉と呼ぶには範囲が広過ぎる」とのこと。

後の執筆のために詳しく訊こうとしても「ほんと、普通の堤防なんすよ」とだけ返ってきた。

堤防と通りを挟んだ山の中にグループホームがあり、何らかの理由で世を儚《はかな》んだ老人三人が一時期、短いスパンで堤防からポンポンポンとテンポよく身投げをした。

三人とも靴が堤防に残されていたことで、「この堤防から飛んだ」と特定できた訳だが、それぞれ微妙に靴が置かれていた位置がズレていたため、〈スポット〉が広範囲になった。

遺体は三体とも見つかっているそうで、その状態などから見て、事件性なしと判断されている。

遺族の意向とホームの風評被害を避けるため、地元新聞はこのニュースを一切報じることはなかったが、狭い集落では老若男女、ほぼ誰もが周知しているとのことだった。

こうして、誰が言い出したか「あの堤防は出る」という噂が立った。

義史さんが言うには「ずぶ濡れの老婆が道を歩いている、海から啜り泣きが聞こえる、泳いでいると恐ろしい顔をしたジジイが足を引っ張ってくる」など「よくある怖い話ばかり」が駆け巡り、これらを聞いて怖がるのは子供と怖がりの大人だけだった。

義史さんは他愛のないこの噂を馬鹿馬鹿しく思っていた。

だが、とある出来事をきっかけに、彼もその堤防を忌避するようになる。

ある晩のことだった。

当時高校生だった義史さんは、部活帰りに堤防の横の道を自転車で走っていた。

公道は路肩が狭いので、時々こうやって堤防沿いを通っていたのだそうだ。

言うなれば慣れた道だ。

身体の程よい疲れを感じながら、薄暗い海の横を駆ける。

と、急にぐいと肩を引かれ、義史さんは自転車から後ろ向きに落ちた。

強く身体を打ち、突然のことに意識が朦朧とする。

誰がこんな酷いことを、と半身を上げて見回すも、人はいない。

いや。いつの間にか辺りは真っ暗で、仮に人が間近にいたとしても認識できようもない。

これほど暗い夕方などあるものなのか、と痛みを忘れて義史さんは起き上がった。

闇の濃さのせいで、倒れた自転車がどこにあるのかも分からなかった。

あはははは。
うふふふふ。
はっはっはっ。

どこからか聞こえてきた笑い声は、時々公民館から漏れ聞こえる年配者達のものと一緒だった。
すぐさま、例の噂を思い出す。
一刻も早くここから去りたいのだが、この暗さではどこにどう逃げたらいいのかも分からない。

あはははは。

まだ笑い声は聞こえる。これから何をされるのか怯え、義史さんは蹲《うずくま》って身を守ろうとすることしかできなかった。

そしてその後、どうなったのか。

これを義史さんは「全く覚えていない」と言うのだ。

「でも、嘘じゃないんですよ」

「しかし、覚えてないというのは……どこまで覚えているんですか？」

「笑い声が聞こえて……とっても暗くて……」


笑い声が聞こえて。

とっても暗くて。

立とうとしても身体に力が入らないんです。

だから、ただ蹲って。

あとは。

ううん。

やっぱり次に覚えているのは自分の部屋の中です。

布団に入って寝てました。

でも、それだとまるで僕がただ悪い夢を見ただけみたいですよね。

自転車ですか？
ああ、自転車は堤防のところにあったんです。
だから、そうそう。
それが証拠になりますよね？
だから、そう。僕は歩いて帰ってきたんでしょうね。
歩いて帰ってきて、自分で布団に入って。
夕飯も食べたのかな。それも覚えていませんね。
あれ。
そうだな。
父にも母にも、このこと話したことなかったです。
今まで誰かに話したことあったかな。
ちょっと……待ってくださいね。
ちょっと……。
何だか。
沢山の人と一緒に、歩いて帰ったような気がするんです。
いえ。はっきり思い出した訳ではなくて。

一人で帰った記憶がなくて、大人数で家まで歩いたような。
でも、それもおかしいですよね。
記憶が混じってるのかな。
すみません。
すみません。

不安　十六

カップルで公園を散歩していると、彼女の顔の左半分だけが真っ青になった。

驚き、声を掛けるも本人は全く体調に変化はないようで、「ほんと？　どうなってんのかな？」と戯《おど》けていた。

一分もすると元に戻ったので、何かの見間違いだろうと自分でも思うようにした。

デートを終え家に戻ってから、そういえばあの公園でちょっと前に焼身自殺があったな、と思い出した。

あの左半分が青くなったときにちょうど左方向にあった東屋のベンチ、撤去されたまんまだもんな。

そういうことなのかな。

そういうこともあるのかな。

十四歳

ユカリさんは中学時代、よく学校をサボっていた。

朝、何食わぬ顔で「行ってきます」と家を出るのだが、結局学校には行かずに脇道に外れ、そのままデパートへ。小銭があればゲームセンターで時間を潰すこともあったが、ほとんどは館内のベンチに座って本を読んで過ごす。ユカリさんに友達がいなかったわけではないが、授業がとにかく大嫌いで、「素直な気持ち」で登校を拒否していたという。

小さな街の平日昼下がりのデパートは、いつも閑散としていた。

幾度か補導員に捕まったことがあったが、彼らも常にここいらをウロウロしているわけではないらしく、いつもジャージの上にジャンパーを羽織るか、あるいはジャージの上を脱いでTシャツ姿になっていることもあり、そうそう補導されることはない。

だが、その日は、わんさかと警察官が館内に集まってきていた。自分がサボっているから集まっているわけではないことは理解していたが、万が一のことを思ってユカリさんは目立たないよう顔を伏せながら外に出た。

道には幾台かのパトカーと救急車が止まっていた。何となく気まずさを覚え、学校に戻った。

翌日、同じ中学の三年生の女子がデパートのトイレで自殺したと親から聞かされた。

ユカリさんは名前を聞いても顔を思い出せなかったが、母は訳知り顔で「いじめがあったらしいのよ」と話した。

詳しいことを知りたくなり、ちゃんと学校に赴いて噂話に耳を傾けた。

「え？　あの先輩？」

詳しく聞くと、よく知った顔の先輩だった。サボっている間に、デパートでよく見かけていたのだ。自分と同じサボり組だな、とは思っていたが、それ以上の感情は抱いていなかった。

しかし、辻褄が合わない。警察が集まっていた折、先輩は文庫本を開く私と同じベンチに腰掛けていたのだろう。あの時点で生きていたじゃないか。どういう前後関係があったんだ。それとも、前後関係などないのか。

一人分離れた場所に腰掛ける先輩の顔はどうだった。

あ。笑ってたな。

ずっと、満面の笑みだったな。

それと一度、眼が合ったたな。

不安　十七

とある人気アイドルグループのライブＤＶＤを中古で買った翌日から、家のテレビがひとりでに点くようになった。

気味悪く思いＤＶＤをゴミに出した日の夜には突如、激しい破裂音とともにテレビのディスプレイが粉々に割れた。

件のアイドルグループから脱退したメンバーのソロコンサートのＤＶＤを見ていた最中のことだった。

神様

　タカヒロの家の庭には大きな石があった。

　タカヒロの祖父はその石を「神様」と呼び、手を合わせたり、盃に入れた酒を捧げたりしていた。

　祖母は夫のその振る舞いについて、いつもぼやいていた。

「馬鹿馬鹿しい。何が神様なもんかい。庭に神様がいるのに、何でうちはこんなに不幸なんだい」

　タカヒロは祖母がそんなことを言うたびに、首を捻った。

　両親の仲は良く、貧乏暮らしを感じたこともない。

　祖父母とも目立った疾病もなく、悪いといえば祖母の態度くらいじゃないか。

　両親も祖父に促されると、神様に手を合わせた。

　数百年前からここにある石だと祖父は言っていたが、父は「そんな訳はない。曽祖父が庭師から買ったものだ」とタカヒロに教えていた。

タカヒロは祖父が何故そんな嘘を吐くのか分からなかったが、いつも優しい祖父のたった一つのチグハグを咎《とが》めるつもりはなかった。

タカヒロが中学二年生の頃、祖母が肺炎を拗《こじ》らせて鬼籍に入った。

祖母の風邪が悪化し入院すると、祖父はやはり妻のため神様に捧げ物をしていた。

結果、入院から程なくして祖母が亡くなったことを思うと、神様の御利益はなかったということになる。

だが、そもそも祖父が「この神様には不思議な力がある」「神様に祈れば叶う」などと口にしたことは一度もない。

「昔からいる神様だから、大事にしないとな」

とだけ言うのだ。

祖父はタカヒロが大学に進学してから、すぐに亡くなった。

夜半に起きた心筋梗塞でこの世を去った祖父の死に顔は、極めて穏やかだったそうだ。

こうならないよう、神様に手を合わせる暇もなかったな。

父はそう言って笑っていた。

学業のための東京暮らしを忙しくこなしていると、母から電話があった。

「近いうちに家を売ろうと思うのよ。あなたも私達が死んだあとにこんな古くて広い家があっても大変でしょ？　私達はマンションに引っ越すから。あなたの将来のために貯蓄も残すつもりだし」

タカヒロは「分かった。任せるよ」と応えた。

時代の風潮を考えると、両親の希望に間違いはない。

ただ、少しだけ寂しい思いをすればいいだけだ。

確かにあの家に様々な思い出が詰まっている。

とはいえ、あの田舎の一軒家に自分の未来があるとは思えない。


年末、タカヒロは久しぶりに帰省した。

両親は着々と家を売りに出す準備を進めているようで、親子の会話には「新しいマンションは駅前がいい」「地価は悪くないのよ」「自分の部屋から大事なものは出しちゃってね」といった台詞が散りばめられた。

父と呑み交わし、煙草を吸おうと庭に出ると神様が目に入った。

実家を離れての生活では存外、生家を思い出すことが全くなかった。

タカヒロは神様を見ても、（ああ、神様だな）としか思わなかった。

名状し難いごつごつとした形の大きな石。

自分五人がしゃがみ込んで集まったら、同じくらいのサイズになるだろうか。

煙草を地面に捨て、踏み消す。

そして、タカヒロは何となしに神様に手を合わせた。


死ね消えろいなくなれ死ね消えろいなくなれ死ね消えろいなくなれ。


祖父の声が辺りを包み込むように響いた。

思わず「うわっ」と声が漏れて、たじろぐ。

それは高音質のスピーカーから再生されたように明瞭な声だった。


居間に戻ると、父の姿はなくコップとつまみが入っていた皿が片付けられていた。

恐らく床に就いたのであろう父を起こして、庭で起きたことを教えるべきか否か、タカヒロは大いに迷った。

まともに聞いてもらえそうな話じゃない。

自分でも驚いている。

でも、はっきり祖父の声が聞こえていた。

何事か起きたのか理解できないまま、こんなことが今あった、と伝えても相手が困るだろう。

勘違い。誤解。脳のバグ。そのいずれかであると、自分の中で収めるのが得策に違いない。納得はいかないが、きっとそうなのだ。

もう一度、手を合わせてみる気にはなれなかった。

またあんな声が聞こえてしまったら、もう後には戻れなくなるだろう。

気のせいということに絶対しなくてはならない。

こんなのは一度きりでいい。


年が明け、五月。

母が食道癌で入院した。

両親とも「心配無用」と言ったが、「手術をすることになった」とまで話が進むと、タカヒロは再び帰省することにした。

「大丈夫だからな。母さんは父さんより三つも若いんだから回復力があるだろ」

「お医者さんも深刻には見てないからな」

気丈に振る舞う父を見ると、胸が痛かった。

詳しい病状を息子に告げたくない気持ちも分かるが、どこまで案じたらいいのか分からないというのも辛い。

母の見舞いに行くと、見るからに痩せた腕に刺さる点滴の針が痛々しかった

「父さん」

「何だ」

「神様に祈るの、もうやめなよ」

「何でだ？」

「……やめてほしいんだよ」

「だから、何でだ？」


父は朝昼晩と、神様に手を合わせていた。

タカヒロはもう神様に対して、怖れしか抱いていない。

父が神様に頭を垂れるたびに、物事が悪くなるのではないかと怯えているのだが、その思いを父にどう伝えたらいいのか、タカヒロには分からなかった。

今、このタイミングで「この石から〈死ね消えろ〉と声が聞こえた」と父に言える訳もない。

「父さん、爺ちゃんが死んでから手なんか合わせなかったじゃない」

「そりゃそうだけど、今は母さんが心配なんだよ」

妻を思う気持ちはタカヒロにも理解できる。

しかし、この神様はよくない。

タカヒロはいちかばちか、父と手を合わせてみることにした。

もしあの声が響いたら、父も理解してくれるはずだ。

響かないなら、あの日のことは自分の気のせいだとする。

そうすれば、少なくとも自分の無力感は消せるはずだ。

もう、こんなことを気にしていたくない。

何でたかが庭石のせいで、こんな思いをしなくてはならないんだ。

頭がおかしくなりそうだ。

タカヒロは父が庭に出るのに付いていった。

神様の前に並んで立ち、二人で手を合わせる。

死ね消えろいなくなれ。

それは父の声で響いた。

横を見ると、少しだけ父の口元が緩んでいた。

タカヒロは父の襟首を掴み、殴れるだけ殴った。

殴り疲れた頃に「お前が死ね！」と叫ぶと父は黙って起き上がり、家に戻った。

タカヒロも追うように家に戻る。

居間のソファでぐったりする父に「あの庭石を処分するまで俺、大学に戻らないから」と吐き捨てるように告げると、父は目を潤ませながら小刻みに何度も頷いた。

こいつ、何もかも承知の上でやっていたんだな。

じゃあ、爺ちゃんもか。

このクソ二代が。


母が退院したのち、入れ替わるように父が直腸癌で入院したが、こちらも無事退院。

家を売った後の両親は、今まで通り仲睦《むつ》まじくやっているようだった。

しかし、タカヒロはもう父を信用できない。

結局、神様のせいで彼の一部は変わってしまったのである。

不安　十八

おいでぇ。
と道路を挟んだ向こう側の歩道から母の声で呼ばれた。
渡らなきゃ、と思って左右を確認する。
四車線もある道での激しい車通りは止まりそうもない。
横断歩道はどこにあるだろう、とまた左右を見る。
おいでぇ。
と、母はしつこい。
少し走行する車の数が減ったところ、パッと道路に飛び出そうとする。
が、腕を強く掴まれて一歩が出ない。
腕を掴んだのは母。向こうにいる母ではなく、今正に一緒に買い物に出かけている母。
「危ないでしょ」
と母が怖い声を出す。
あっちの母はもういなくなっていた。

二人

神奈川県小田原市に住む川島恵美子さん。

四十三歳。

長年同棲している彼氏と二人暮らし。

恵美子さんはスーパーでレジ打ちや品出しなどをするパートを、彼氏の宮澤亮太さんはIT企業でエンジニアを。

二人の関係は良好。

何一つストレスがない。

即ち二人は円満な事実婚を保っている訳だが、結婚制度に反対している訳ではない。

籍を入れない理由は、こうだ。

二人の出会いはとあるオープンスペースRPGゲームのオフ会だった。

特に有名ではないプレーヤーの個人主催による集まりにしては数十人が集まっていて、

貸し切りの居酒屋が会場となっていた。

少し話しただけで気が合った二人はすぐに連絡先を交換し、程なくして付き合いが始まった。

宮澤さんは３ＬＤＫの賃貸マンションに住んでいた。

何でも、以前付き合っていた女性と同棲するためにわざわざ部屋を借りたのだが、結局は半年も一緒に住んだのちに別れてしまい、そのまま使い続けているのだそうだ。

ならば、と川島さんは実家を出てそこにすっぽり入った。

川島さんはその頃二十五歳、宮澤さんは三十一歳だったという。

神奈川県内にある互いの実家を行き来するようになったのは、同棲から半年を経てからだった。

家族に隠し事をするように交際するのはやめようと、話し合った上でのことだった。

宮澤家は名門大学を卒業した彼の身の上から想像していた通りの名家で、豪邸とは言わないまでも上品な造りの広い屋敷を構えていた。

調度品はどれも綺麗な木製で、和室の畳も手入れが行き届いている。

穏やかに微笑む宮澤夫婦の相手をしていると、川島家の中流具合が少し気恥ずかしく感じられたが、これもまた貧しい羞恥心であると、川島さんはその思いは胸に納めるようにしていた。

家族付き合いにせよ生活に纏わる資金のあれこれにせよ、大局の観点からは何一つ問題はなく、あらゆることが上手く行きそうに思えた。

ある年の秋口、宮澤さんの父の姉が神奈川に来ることになり、宮澤さんの申し出で義伯母を交えた三人での会食をする運びとなった。

鰻屋の個室を予約し、昼前に宮澤さんの運転で駅前に義伯母を迎えに行く。

「ちょっと変わった人だけど、気にしないでね」

宮澤さんは照れたようにそう言った。二人ともこの時点では口に出さずとも、結婚を見据えており、〈二人のこれから〉に纏わりそうな話題になると、妙に恥じらいを覚えてしまう。

「うちの家系、みんな変わってるんだよな……」

「それはうちもだから。自分の身内のこととなると、何だか気になるのよね」

川島さんは彼を和ませようと、そう言った。

駅前で二人を待ち受けていた義叔母は、遠目に見ても随分目立つ服装をしていた。

舌を出したアインシュタインの写真がプリントされたTシャツに、茶色地に大きな向日葵《ひまわり》が幾つもプリントされたカーディガンを羽織り、黄緑色のスカート。綺麗な白髪は肩よりもやや下まで伸びている。

「ああ、どうもどうも。初めまして。キミエと申します」

宮澤さんが運転席から彼女を呼ぶと、気さくな口調の挨拶とともにその奇抜な老婆は車に乗り込んだ。

車内で談笑している間にキミエの人となりを探ると、見た目の割には話しぶりはごく普通で、性格も穏やかな印象があった。変わっているのが服装だけなら、今日は緊張せずに一日を過ごせそうだ。

鰻屋に到着し、畳の個室へ入ると場は一層和んだ。

「恵美子さん、亮太とぴったりねえ」

「はい。今のところ、トラブルもなく……亮太さんも優しくしてくれるんで」

「おいおい。恵美ちゃん、これからトラブルがありそうな言い方しないでよ」

上等な鰻重に箸を入れ、三人はまた他愛のない話を続ける。

予定では食後にキミエの買い物に付き合い、また駅に送り届ける手筈となっていた。

話を聞いていると、今回キミエが神奈川に来た理由は、単純に甥《おい》の交際相手に会いたかっただけだったらしい。今の時間を以て、彼女の用事は終了となり、あとはついでのこととなる。数万円は掛かるだろう今回の会食費はキミエ持ちになるというのだから、これはいい出会いだ。

全員の容器が空くと、また茶を啜って会話が始まった。

「お互い、両親が神奈川出身ってのはいいわよね」

「はい。何かあっても安心です」

「あなた達は、結婚するつもりなの？」

「ちょっと……キミエ伯母さん……恵美ちゃんが困るじゃん」

「良いタイミングが来れば、と思ってますけど」

「ああ、そう。でも、絶対にやめたほうがいいわよ」

「はい？」

「もう！　キミエ伯母さん！　なになに！　いいって、そういうの要らないから」

宮澤さんは苦笑しながら、頭を揺らして話を止めようとする。

「あなた達ね。結婚したら本当に不幸になるのよ。これはあたしが言うんだから、間違いないわよ」

「いいって！　もうキミエ伯母さんの話は終わり！　ほら、買い物いくよ！」

制されたキミエはきょとんとした顔を一度してから、「はいはい」と言ってカバンから財布を取り出した。

買い物を終え、再び駅まで送る間のキミエは特に変わった言動はなく、何事もなかったかのように手を振ってから改札をくぐっていった。


二人はマンションに戻る道中で、キミエについて話し合う。

「キミエ伯母さんさ。何か若い頃から占いの類にハマってて。その、何ていうの？　スピリチュアル系？　そういうタイプの人なんだよ」

「ああ。そうなんだ。あたし、気にしてないから大丈夫だよ」

「そう？　ならいいんだけど。どうせ星が悪いとか、前世がどうこうとか言って、俺達の仲に難癖付けようと思ったんじゃないかな。悪気はないんだけど、思い込みが激しいんだよ」

「伯母さんの占いって、当たるの？」

「いいや、全然当たらない。それなのに強い口調で嫌なこと言うから、親戚の中でも鼻つまみものになってるんだよね」

「そっか。あたし、もうちょい話を聞いてみたかったかな。占いとか好きだし」

「そう？　まあ悪い人じゃないからさ。でも、俺はあんまり会いたくないかな」

事実、川島さんはキミエに対して嫌悪感を抱いてはいなかった。

確かに突然否定的なことを言い出したときには驚きこそすれ、今となってはニコニコと鰻をご馳走してくれた恩のほうが重い。

「ほんと、気にしてないから。大丈夫よ」


それから半年後、キミエは近所の歩道で転んだことによる脳挫傷でこの世を去った。

突然のことに宮澤家含む親戚一同は大いに動揺していたようで、川島さんは反応を見るにつけ、キミエは「鼻つまみもの」の割には皆から愛されていたのではないかと邪推した。

川島さんも参加した葬儀が終わり、しばらくしてから二人は真剣に結婚について話し合った。経済面での不安は今のところはなく、主に子供を作るかどうかについてが議題となっていた。宮澤さんは「そういうのは授かりものだから、俺は絶対に子供が欲しいとは言わないよ」と伝え、それを受けた川島さんも「あたしも絶対にとは思ってないのよね。タイミングで決まるものだと思うし」と同調した。

二人は順調に結婚に向かっていると言っても過言ではなかった。

互いの両親も時々は「そろそろ」と話していた。

「キミエさんが夢枕に立って、『結婚させるな』って言うんだよ」

「そりゃあもう、ゾッとしない剣幕だった。何だありゃあ」

「一族みんな夢に見てるんだろ？　まずいよこりゃ」

それでは来年の秋頃にでも、と何となく当たりを付けた頃、宮澤一族からこのような報告があったと宮澤さんの父から聞かされ、二人の美しかった進展に泥が付いた。

そして川島さんからすると、正に寝耳に水となる騒動が繰り広げられる。

「キミエさんがダメと言うならダメだろう」

「何かあったら堪ったものじゃないよ」

「亮太君には悪いけど、諦めてもらうしかないね」

そのような苦情が宮澤家に届いているとのことだった。

もちろん、川島さんはこのくだらない結婚反対活動に猛烈に腹が立った。

何か文句があるなら、直接言えばいい。

もうこの世にいないキミエさんを使って、二人の仲を引き裂こうとするだなんて、陰湿にも程がある。

夢枕に立つ〈親戚の鼻つまみ者〉の言葉を皆が突然信じだすなんて、道理がおかしいではないか。

「あたしに何か問題があるの？　もしかして、身分が違うとか言い出してる訳？」

川島さんがそう訴えると、フィアンセは「違うんだよ。そういう訳じゃなくて」と煮え切らない口調で宥めようとする。

「何が違うのよ。お義父さんもお義母さんも、あたしを守ってくれないじゃない」

「いや、実は……」


いや、実は。

宮澤さんがその後に続けた話をまとめる。


キミエは宮澤一族にとって稀代の占い師として崇められていた。

様々なことを言い当て、キミエの助言で財を成した者も多くいた。

商売として占いをしたことはなく、ただ彼女の元に訪れた親戚達に「やればいい」「やらないほうがいい」と言ってのける。

訪問者は盲目的にその言葉に従えばいい。

どんな力を使っているのか誰にも分からないが、とにかくキミエの言うことは「必ず当たる」とされてきての今なのだ。

「じゃあ、みんなあたし達の結婚をほんとに怖がってる訳？　やめたほうがいいことをやろうとしてるって本気で思っているの？」

「そういうことなんだよ……俺は信じちゃいないよ？　でも、あの人たちがそういうことを言う気持ちは分かるよ……古い人ばっかりだから、げん担ぎするんだよ」

「馬鹿馬鹿しいわよ。もう……」

そして、困り果てた二人は「もうこっそり籍だけ入れちゃおう。それで何も起きてないことを事後証明してから結婚したことを明かせばいい」と強行案を実行することにした。

そういう訳でまず市役所に行き、婚姻届を取得したのは川島さん。

だが、カバンに入れたはずの届が帰宅時には見当たらない。

もう一度、届を取りに行ったのは宮澤さん。

今度は無事、二人で届と対面する。

自分達が記入できる部分には全て筆を入れ、そのまま食卓のテーブルに置いて一晩が明けると、今度は届がビリビリに破けている。

こうなると、川島さんは宮澤さんを疑わざるを得ない。

初回に届をなくしたのは間違いなく自分だが、このように破くとなると二人暮らしのパートナー以外犯人はいないではないか。

宮澤さんも「誰がこんなことを」と驚いているが、彼女の目には白々しく映る。

尤も、ここで怒るのは悪手になるように思えた。

こんなことで何もかも御破綻になるのは癪《しゃく》だ。

三回目は二人で市役所に赴き、喫茶店で婚姻届に記入した。

二人で行こうと提案したのは川島さん。

喧嘩もしたくなかったので、ノリで一気に攻めようとしていたのだそうだ。

あとは保証人の欄を残すのみとなったので、川島さんは幼馴染みの友人に連絡した。

「あ、アキコ？　あたし。びっくりするだろうけど、あたし結婚するのよ。保証人に、アキコがなってくれたらなあって」

『あ……結婚するのね……えっと』

「今、暇してない？　ランチ奢るから来てもらえると……」

『ごめん。無理だわ』

「あ、忙しい？」

『じゃなくて、あんたさ。何か今、変なことになってない？』

「え、え、えと。もう聞いてる？　噂が回ってるとか？」

まさか、宮澤一族が総動員すると、街全体にまで話が伝わるのだろうかと、川島さんは血の気が引いていくのを感じた。

『噂？　それは知らないけど、夢よ。今、あんたが結婚するって聞いて、こっちはびっくりしてるのよ。あたし、夢であんた達を結婚させたらダメって言われたのよ。結婚したら大変なことになるって』

「え……」

『ほら、その反応。やっぱり、何か変なことになってるんでしょ？　もう。ごめんだけど、これには関わりたくないからさ。他の人に頼んでよ』

「……分かった」

電話を切ってから、川島さんは「やめよっか」と宮澤さんに言った。

宮澤さんも、電話のやり取りから想像は付いていたようで、「そうだね」と小声で言った。

これがキミエの予言に完敗した瞬間だった。

それから先の二人は、また違った話し合いをした。

二人でいることには問題なさそうだから、これからもずっと一緒にいよう。

子供のことはゆっくり考えよう。

今のままでも幸せじゃないか。

これでいいじゃないか。

宮澤一族は無闇に二人に贈り物をしてくる。

ありがたく頂戴しているそうだが、その贈り物には「これからも結婚だけはしてくれるな」という意図が込められているのを二人は知っている。

二人の関係は良好。

何一つストレスがない。

不安　十九

矢沢さんは温泉巡りが趣味だった。

新旧問わず旅行雑誌をコレクターのように集め、国内の行ったことがない温泉全てを制覇したいとすら思っていた。だが、いちサラリーマンがそうそう好き勝手に旅行に出られる訳もなく、せいぜい月に一度の近県温泉旅行が関の山。それすらも先立つものがないと叶わない。

「温泉かあ。いいなあ。俺はそんなに温泉には行かないけど、秘湯という言葉を聞くとロマンを感じちゃうんだよなあ」

勧め先の先輩と雑談をしていると、たまたま話題が温泉に及んだ。

「秘湯はいいですよねえ。でも、雑誌に載ってる時点で秘湯とは言えない気がしません？別に秘密にはなってない訳で」

「あははは。それもそうだな」

「本当の秘湯ってのもあるらしいんですけどねえ。色んな村々を回って聞き込み調査でもしたら見つかりそうですが、そこまでは流石に……」

「ああ。そうだ！　俺、秘湯知ってるよ！　雑誌にもテレビにも出てないんじゃないかな。いや、もし出てたとしても話題になってないから、秘湯と呼んでもいいだろうよ」

「え？　マジっすか？　どこに？」

「全然、ここから近いよ。待てよ、ここの窓からもう見えてるかも……」

先輩は少し考えてから、矢沢さんを階段の踊り場に誘《いざな》った。

そして踊り場の窓を開け、山に指を差す。

「ほら、あそこの山の辺り。あの下の道路に行くと看板立ってるから車で行っても分かるよ。あの山、名前なんていうんだろうなあ」

「看板？　じゃあ秘湯じゃないんじゃないっすか？」

「まあ、でも有名じゃないから。脱衣所も何もあったもんじゃないから、ほとんど誰も行かないし。無人なんだよ。料金箱があるだけで。何か怖いだろ。お前みたいな好きものがちらほら浸かってるらしいけどな」

矢沢さんは仕事帰りに早速、件の秘湯へ向かった。

目視でも会社からもさしたる時間が掛からないことは分かる。今まで何度か通ったことがある道なのだが、看板に気が付いたことはなかった。

残業後の山沿いは暗い。

なるべくアクセルを踏み過ぎないよう、目を皿にして看板を探した。

(看板……看板と……)

しかし、それらしきものは見つからない。うっかり通り過ぎたのかと、程よいところでUターンをする。

(小さい看板なのだろうな。ううん。見つかるだろうか)

更に目を凝らし、なおスピードを落としたが、やはり看板はない。

ない、のだが、山に向けてそれらしき小道があるにはある。

車で入ったのち戻れるか怪しいほど細い道だったが、道の真横には駐車に程よい路肩があり、いかにもそれれっぽく見えた。まだ思い込みの段階だが、それでもこのシチュエーションは硫黄の香りも仄かに漂っているような気にさせる。

(ここに車を停めて、歩いて登れば秘湯と御対面か……)

足を踏み入れた小道は真っ暗で、曲がりくねっていた。この感じだと、恐らくは秘湯も真っ暗なのだろう。誰が入ると約束もない無人温泉に常時明かりがあるとも思えない。

どこまで上がれば温泉があるのか見当も付かないが、幸い傾斜は緩く、革靴でも容易に登れる程度のものだった。

秘湯がなかったとしても笑い話にはなる。

矢沢さんは期待感を昂《たかぶ》らせながら、歩みを進めた。

「あ……これか」

枝道らしきものを見つけ、横を見るとそれはあった。

暗がりの中に申し訳程度の木製の柵が立ち、その横にごつごつした岩に囲まれた温泉があった。

(嘘みたいな秘湯だな)

ちゃんと熱さがあるのか怪しいほど、硫黄の気配もなければ湯気も立っていない。

パッと見、池のように見える。

近づいて、水面に手を入れると案の定、ものすごくぬるかった。

落ち葉か木屑か判別の付かないものが湯船に浮いている。

衛生的にも怪しい雰囲気だ。とはいえ、傍にぼろぼろの料金箱があるのだから、金を払った上なら入って構わないということだろう。

(は、入るか……ここで怯んでは温泉好きの名がすたる……)

矢沢さんは脱いだ服を適当な場所に畳んでおき、湯船に足を入れた。

ぬるい。

長湯をしたら風邪を引く可能性もある。
しかし、何だか居心地がいい。
(妙に楽しい気分になってきたな)
思わず鼻歌が出るほど、気持ちがほぐれていく。
これが秘湯の力か。
目を瞑り、己を包み込む湯の柔らかさを肌で感じた。

ザブーン。

何か大きいものが湯に入ってきたと音で分かる。
だが、瞼が開かない。

ザブーン。

また入ってきた音がするが、やはり瞼が開かず確認できない。

ザブーン。


ここで、何故これほど大きい何かが入ってきているのに波紋の一つも感じないのかと怯える。今自分が置かれている状況が常軌を逸していると既に気付いている。

それでもここから逃れる術がない。

既に身体全てが動かない。


ザブーン。


一瞬だけ何かブヨブヨしたものが左腕に触れた。

途端に、嗅いだことのない悪臭が鼻を衝く。

もう矢沢さんは瞼を自ら閉じている。

俺は見てはいけないものと一緒に、露天風呂に浸かっている。

恐らく、もう目を開けることができる。

だが、そうしたら俺は何かを見ることになる。

身体もきっと動く。

だが、動くと何かにまた触れるに違いない。

しかし、ずっとここにいる訳にはいかない。

逃げる。

目を開けて、すぐに車に走る。そのイメージだ。

よし。


幾体もそれはいた。

顔らしき黒ずんだ肉。

黒く落ち窪んだ眼窩《がんか》。

酷く煤けた服。

それらは微動だにせず、ただ湯に入っていた。

自分の動きをスローモーションで感じた。

「た、す、け、て、え」

と声を上げながら湯から出て、裸のまま車斜面をくだった。

後日、山に詳しい父は、矢沢さんに「あの無人温泉はダメだぞ。周りで人が首を吊り過ぎてる」とだけ言った。

ここに漂え

プロローグ

この話は、「実話怪談」と呼ぶには些《いささ》か私の手による脚色の程が過ぎる。

なので、決して真の話として読まないでほしい。

何故この〈前二行〉を添えなければいけないのかをこれから、歯切れ悪く綴《つづ》る。


とある場所で、とある女性からこの体験談を取材した。

酒場での飛び込み取材をメインにする私にしては珍しく、事前に日時の約束をして話を伺ったのだ。

「あたしの体験は是非、高田さんに書いてほしい」

とのことだった。

「高田さんなら、荒唐無稽なあたしの一時期を書けると思う」

彼女はそう言い加えてもいた。

かねて私の著書を読んでいた彼女は私の筆に大きな信頼を寄せているようだった。

だが約束の日、数時間の取材を終えた私は「この話、このまま書いたら不味いですよ」と伝えるほかなかった。

「大分、ぼかさないと……あなた、酷い目に遭うのではないですか？」

「……ですよね。確かに……」

「私もあなたも厄介なことになるかもしれませんし」

「あの……お任せします。上手くやってくれたら。とにかく書いてほしいんです。書いてもらえると、嬉しいんです」

取材後、彼女は「これまで誰にも言えなかった」自身の体験談を話すことが、ある種の浄化に繋がったようで、妙にすっきりとした面持ちをしていた。

この浄化の延長線上に、恐らく、「書いてもらえると、嬉しい」という言葉があったのだろう。

その後、私は何度も何度もこの談話をどう書き上げたらいいものかと策を練った。

結果、冒頭の二行を添えることでしか世に出せないだろうと判断した。

実話怪談愛好家達が鼻白むであろう書き出しであることは理解しているし、これが実話怪談というジャンルが確実に孕《はら》んでいるテーマ、〈非道徳への冒険〉からの逃避である自覚もある。
書いてはいけないなら無理に書かなくていいのではないか、という迷いもある。
――書いてもらえると、嬉しいです。

彼女の体験は重く、切ないものだった。
今から皆さんが読む話は短編小説である。
決して実話怪談ではない。
だが、物語のそこかしこに、彼女の実体験が息を潜めて横たわっている。
私は今からできる限りの力を込めて、この悪意に満ちた怪異を剥き出しにしたい。
この怪異は〈小説〉を以てしか描けないのだ。

1

若松京子は預金通帳を開いて、深い溜め息を吐いた。

電気代、ガス代、水道代、家賃。

通帳から目を逸らすと、質素な家具と小さなテレビが目に入った。

こんな安いアパートでも、こんなに金が掛かる。

大学卒業まで、まだ数年を要する。

裕福とは言えない家の生まれの京子は暗澹《あんたん》とした気分で通帳を閉じた。

また、溜め息。

誰に文句を言うつもりもない。

溜め息くらいは許してほしい。

地元から遠く離れたこの地で、京子に友人はいない。

六畳一間、大学、最低賃金の時給を提示するコンビニを行き来するだけの毎日が、これからまだ続く。

月に一度でも知人の誘いで呑み会に行けば、食うに困る。

二着ほど欲しい服を買えば、家賃が不足する。

両親から離れ、華々しい学生生活が待っていると思っていた。

だが、実際に目の前に現れたのは生活に必要な我慢と工夫だけだった。

大卒の経歴は必須だと思っている。

ならば、この苦しみも必須ということだろうか。

飢え死ぬ訳でもあるまいし。

と、思えない自分がいる。

入学以降、楽しくない日々がずっと続いていた。

学園都市には美味しい御飯屋も、洒落た雑貨屋もあると聞く。

片田舎で育った京子はいわゆる世間知らずの部類で、それがどこにあるのか当たりも付かない。

流行りのパソコンでもあればきっと、そういったことに明るくなれるだろうに。

年号は「平成」。

テレビドラマで見るような、若さ弾ける一日はまだ京子に訪れていない。

2

その日京子は英語の講義を終えたのち、西門から学外に出た。

いつもは便利の良い正門を利用していたが、ふと人気のないほうに向かいたくなったのだ。

同じ年頃とは思えないほど他の学生らが若く見え、ぴちぴちと賑わう正門から逃げるように脇へ逸れた末の西門だった。

「あの……すみませーん！」

門を出て、さっと足元に目を向けつつ家路を歩まんとすると、威勢よく声を掛けられた。

「……はい」

顔を上げると、間近に見知らぬ女性が立っていた。

年頃は自分と変わらなそうだが、柔らかな表情には人生経験の豊富さが滲んでいる。

薄化粧と黒のズボン、チェックのシャツという出で立ちもまた、大人の軽やかさを感じさせた。

「あのう。夜のアルバイトとか興味ないですかぁ？」

「え。夜のですか。夜の。ええと……」

確かに時給の良いバイトを求めてはいる。

しかし、イヤらしいことをしてまで金が欲しい訳ではない。

「ホステスのバイト、やったことある？」

「ホステス……ですか？」

「そうそう学生さん、沢山いるのよ。時給も最初は千円だけど、頑張ればすぐ上がるし。あなた、美人だから絶対に向いてると思うわよ」

「いえ。あたしだと無理だと思います……」

京子は自分のルックスに自信があると思ったことはなかったが、かといって強い劣等感を覚えたこともなかった。

アルコールも決して弱くはない。

とはいえ、人と喋るのが何よりも苦手だ。

しかも見知らぬ男達と話すとなると、できそうにもない。

「体験入店もできるし、体験でも時給は八百円出るからね。体験だけやってみても全然オッケーだからさ。連絡先だけでも交換しない？」

女は自分の携帯をポケットから取り出すと、振り回しながらそう言った。

京子も釣られてポケットに手を入れる。

が、当然迷う。
連絡先を渡し合ったとて、こちらから連絡をしなければいいだけだ。
しつこくあちらから着信があるようなら、着信拒否すればいい。
そう、それだけのことだ。
尤も迷う理由はそれだけではない。
恐らく私はこの女の連絡先を訊いたら、きっと自ら電話をするだろう。
気持ちが〈時給に良いバイト〉に向いている。
人と話すのが苦手でも、仕事としてやるなら大丈夫なのかもしれない。
アルバイトなのだから、気楽にやればいいだろう。
しかし、本当に私にできるのか。
夜勤で時給千円以上のアルバイト。
いや、この機を逃してはいけない。
気持ちが定まると、京子はポケットの中で携帯を握りしめた。
この女の人の温かそうな雰囲気に嘘はないだろう。
そもそも、ホステスの勧誘に嘘も本当もあるものか。
やってみれば分かることだ。

無理ならば辞めればいい。

「あたしの名前はマキね。体験のときはあたしも店に必ずいるから、安心してていいよ。全然怖くないから。難しいお客さんには当たらないようにするし。京子ちゃん、もしその気になったら、いつでも電話してくれたらいいからね」

京子はマキにペコペコと頭を下げて別れた。

京子は、マキさんのいるスナックで最低でも週何回、何時間働けば生活が楽になるだろうかと帰路の間、ずっと考えた。

そして、晩の風呂上がりにはマキに電話を入れた。

3

久しぶりにアイシャドウを入れる。

最後にシャドウを入れたのは、高校の頃にふざけてメイクの真似事をしたときだろうか。そのときも自分の姿にまんざらでもないものを感じたものだが、今も鏡の中に不満は感じない。

『木曜の正午八時に店に来て。貸衣装とヒールは店にあるから気にしないでね。履歴書もまだ要らないから』

店は大学から自転車で三十分ほどの繁華街にある雑居ビルの中にあった。

ビルには似たようなドアが沢山あり、ドアの脇の上部に設置された長方体の電光看板のサイズも大体一緒だった。外には大量の店名がずらりと並んだ細長い看板が掲げられていたが、中に入ると大半は潰れているようだった。

リサリサ、待ちぼうけ、とんちゃん、ルーヴルなどの店名から、それぞれがどのような店なのかは窺《うかが》い知れそうもない。

マキが務める店は「モダン」という名で、三階奥にあった。

恐る恐るドアを開けると、すぐに彼女の姿が目に入った。

「あらあ、京子ちゃん。いらっしゃい。おいでおいで。まあ、綺麗にメイクしちゃってえ。良いじゃない良いじゃないの」

マキは既にドレスを着ていて、先日あったときよりもずっと化粧が濃かった。口調も心なしか、いかにもホステスっぽい。

「まだ店開くまで一時間あるから、ゆっくり着替えて。ああ、ドレスはこの青ね。京子ちゃんの雰囲気に合ってるんじゃないかな。ちょっとシックな感じで良いと思うのよね」

見るとカウンターから青のドレスが垂れ下がっていた。

店内にはカウンター席が四つと、テーブルが三つあり、壁沿いにはテーブルを囲んでベンチ席がコの字で伸びていた。一見すると二十畳ほどのこじんまりとした店構えに思えるが、テーブル席に身を寄せて座れば、二十人弱は入れるかもしれない。

マキの他には気だるそうにメイクをする若いホステスが一人のみで、マキからは「この子はサアヤちゃん」「平日は暇だから二人か三人で回している」と聞かされた。

見るからに着替え室はなさそうなので、京子は手早く着替えてから、促されるままカウンター席に座った。

「常連のお客さん、一人は予約あったから確実に来るけど、あとは暇かもね。あんまり暇なら十一時くらいでアガってもらうかも。もちろん時給分は帰るときにちゃんと渡すから安心して」

九時に店が開くと、程なくして五十代の男性が来店した。

少し吃音《きつおん》の気がある喋り方をする男で、マキとサアヤは彼を特におだてる訳でもなく、まるで友達のようにカウンター越しの接客をしていた。男はその応対に満足しているようで、焼酎の緑茶割りをごくごく呑み、のべつまくなしでアレコレと他愛のない話を続ける。

カウンターの中から愛想笑いをしつつ様子を三十分ほど窺っていると、マキは男に「体験の子。可愛いでしょ」と紹介し、京子を隣に座らせた。

「京子です。改めましてよろしくお願いします」

「おお！　おお！　いい、いい名前だ、だねえ」

「本名です」

「そうか、そうか！　おお。お、お酒は呑めるのぉ。呑めるんなら、なら、の、呑めばいいよお！」

「あら、そうね。京子ちゃんも頂こうか。何にする？」

マキは当たり前のようにそう言い、京子は明日の初めの講義が何時からだったかを思い出そうとした。

「あたし、ビールで」

「あっら。あなたプロね。タケシさぁん、ビール頂いちゃっていいのお？　アレなら飲み放題のものを呑んでもらうけどぉ」

「おお！　おお！　の、の、呑めばいいよ！　呑みたいものを！　ビール！　呑めばいいよ！　だ、大丈夫！」

別料金という言葉にギョッとしたが、何か考える間もなくサアヤにより手早くグラスに注がれたビールが京子の目の前に出された。自己紹介から数分でタケシにドリンクのおねだりをしてしまったことになる。

「乾杯！　頂きます！」

マキはグラスを上げ、大声を出した。

京子も礼を言い、グラスに口を付ける。

冷たいビールがやたらと旨く、京子は感じたことのない高揚を覚えた。

4

タケシが退店したあとは、十時に三人一組の常連客、程なくしてまたまた常連の客が一人来店したが、マキの見立て通り忙《せわ》しない瞬間は一度も訪れなかった。

二組は十二時まで飲み放題を延長し、彼らの会計が終わると、マキは「もう閉めようか」。グラスは都度都度に洗っていたので、ほとんど片付けるものはなく、電光看板のスイッチをオフにすると、ボックス席の椅子がサアヤの手でテーブルの上にひっくり返された。

「京子ちゃん、掃除機掛けてもらおうか。入り口の横のとこ開けてえ」

サアヤの指示で京子が観音開きの戸を開けると、その収納スペースには沢山のハンガーが垂れ下がり、隅には掃除機が置かれていた。

「コンセント、そこ。その掃除機、結構高いから吸い込みいいのよお」

在庫チェックをするサアヤはこちらを見る訳でもなく、飄々とした口調で言う。

マキのオーバーな接客も、サアヤの落ち着きと毒のある接客も、素人目から見ても感じのいいものだった。今日は二人のおかげで座に混ぜてもらったに過ぎない。

掃除機を掛け終わると、皆で着替えつつ談笑が始まった。

「京子ちゃん、ウケてたね。楽しかったでしょ」

「いえいえ、あたしなんてそんな。何にもできないです……」

「お酒も強いほう？　良い感じだったよ」

「お酒は……好きではありますが、高くてそうそう呑めないです……」

「へえ。じゃあ、向いてるかもね。うん。良いかもね」

サアヤはじっと京子の顔を見て、そう言った。

アパートに戻ってからマキから貰った封筒を開けると、五千円が入っていた。

ドリンクバックも入っていると事前に言われていたが、京子は体感的に「多い」と感じた。九時から十二時までのたった三時間で、あれくらいの客数でもこれほどの額になるなら、満席で二時まで営業した折にはこの倍にはなるだろう。

京子はマキにお礼のメールを送る際、『また入りたいです。とても素敵な仕事だと思います』と伝えた。

5

マキがカラオケを歌い、サアヤが手拍子を打つ。

最近店に入ったカスミはすっかりデキあがっていて、靴下をこれみよがしに脱いで客を沸かせている。

「京子ちゃん、東堂さんの卓よろしく」

曲が間奏に差し掛かると、マキがカウンターに入る京子の耳元で指示を出した。

「おう。京子ちゃん。待ってたよ」

「まだ再就職先決まんないの？　いい加減にうちにおいでよ」

東堂達はニヤニヤしながらやってきた京子を迎え入れ、お決まりの勧誘をしだす。

京子がモダンで働きだしてから、延べ五年以上経っていた。

新卒で就職した旅行代理店の事務職は、給与の面から人権侵害の面からとにかく酷い待遇だった。京子は結局半年ほどで退職を決意し、今ではモダンの仕事一本が生活の糧となっていた。

「うち、掛け持ち仕事もできるから、ここでたまに働きながらうちで働いてもいいんだよ。体力が持つならね」

東堂達は月に二、三回ほどモダンに顔を出していた。

東堂は山間部にあるリゾートホテルの社長で、取り巻きはいつもそこの社員か得意先だった。一人で来ることはほとんどなく、労いや接待のためにモダンを使っている印象が京子にはあった。

「ううん。ホテルですかあ……できるかどうか……」

「できるよ。京子ちゃん、要領いいし。楽しい職場だよ。ちゃんと昇給制あるし、定年まで働けるよ」

東堂は卒業前から京子をこうやって調子よく勧誘していた。

まだ京子の心が動いたことはないが、一生ホステスをするつもりもない。

「今、飲食部門が空いてるんだよ。ここで働けるなら仕事的に余裕なんじゃないかなあ」

「飲食ですか。それなら、もしかしたら……」

「一度、ホテルを覗きに来なよ。飯奢ってあげるからさ」

どういう訳か、かねてマキも京子が東堂のホテルに就職することを賛成していた。

少人数で回すこの店に穴が空くのも辛かろうに、性格のいいマキはいつも他人の人生を応援する。

「あんら、東堂さん。何、またナンパしてるの」

横の卓で聞き耳を立てていたマキが茶化すようにそう言った。

「いいよいいよ。持って帰っちゃって。この子、いき遅れちゃってんのよ」

「……お願いしてみようかしら」

京子がそう口にすると、一瞬、場が静まり返った。

東堂はこれを機にと「おうおう。いいよいいよ。おいでおいで」と囃す。

「京子ちゃんの就職を祝って、かんぱーい！」

マキが追い討ちを掛けるように大声を上げると、店内のそこかしこで乾杯が起き、京子はまた、柄にもなく気持ちが昂っている自分を見つけた。

6

東堂が経営する「ホテル　クラシック」は広大な敷地のゴルフコースを併設していた。レストランには高価なコース料理、上等なワイン、スイーツも各種あり、どこを見ても京子と縁のない世界が広がっているようだった。

アパートまで迎えに来た東堂の運転でホテルまでは一時間以上掛かった。

京子が運転免許を持っていないことを伝えると「お金出してあげるから取りなよ。社用車も余ってるのあるからさ」と東堂。

京子は既に履歴書も持参しており、東堂が当初提案していた「見学」は「面接」に格上げされている。

東堂は自慢げにあちらこちらと指差し、眺めの良さや調度品の値段を京子に教えた。

「こんな素敵な所にあたしが……いいんですかね」

「いいんだよ。免許取るまでは誰かに送迎させるから。別に泊まり込みでもいいんだけどね。部屋はいっぱいあるし」

東堂の話しぶりでは、もう京子を雇うのは決定事項となっているようだった。

「ということで、京子ちゃんが働く飲食部門を紹介するよ」

ホテル自体は少ない階数で、最上が四階。レストランはエントランス横にあり、各テーブルの距離が十分に取られている。確かに高原の高級ホテルでごちゃごちゃと他の客がひしめいていては興醒めだろう。覗いた各客室も最低ランクのものですらかなりの高級感があった。

レストランには既にゴルフ客と思わしき何組かの客がテーブルを陣取っていた。

東堂が言うには「スナックと同じで平日は暇だよ」。厨房に入ると、ドアを開けてすぐのところに会議テーブルが一つあり、そこに調理服を着た男性が座っていた。

「ああ。金本君。新人だよ。美人でしょ」

「え？　ああ。初めまして。金本です。助かりますよ。今、ほんとに手が足りなくて」

金本は四十歳前後かといった風貌で、妙に浅黒かった。

「社長、とりあえずは簡単な仕込みとホールスタッフでいいんでしたっけ？」

「そうだな。詳しいことは勤務初日でいいよ。今日は案内して飯を食わすだけだから」

金本は邪気を感じない笑みを浮かべて、東堂と京子の顔を交互に見ると、「よろしく」と話を締めた。

「部署変えはほとんどないから、ホテルっていうかレストランに勤めたと思えばいいよ。事業部とか人事部に急に移るってことはまずないからね」

「ああ。はい。分かりました」

「ホテルならではの動きってのもあるけど、慣れたら楽だよ。街中にある普通のレストランより楽なんじゃないかなあ。事前予約の人ばかりで、飛び込みがそうそうないからね。慣れたらきっと動きが読みやすくなるよ」

東堂の言わんとすることはまだ京子に伝わり切っていなかったが、待遇の良さだけは十二分に伝わっていた。

「頑張ります」

京子は期待に胸を躍らせつつ、東堂とワインを傾けつつコース料理を食べた。

7

京子はホテル勤務が始まると、最初の数日間こそ先輩の女性に送迎してもらっていたものだが、四日目からは送迎させることが心苦しくなり、ほとんどホテルに泊まり詰めとなった。

同時に教習所にも通うようになり、シフトを調整して山中と街を往復する。

そもそも駅とホテルの間は送迎のミニバスが出ているので、教習所の時間に合わせてバスに乗るのは容易だった。

給仕、配膳、調理補助、皿洗い、清掃、簡単な予約管理などを食いつくようにこなす毎日の程よい疲れが心地よかった。

金本は料理長の右腕のような存在で、現場の指揮のほとんどは彼が執っていた。和洋中に精通し、ケーキを作る腕も一目置かれていると京子は聞いた。

飲食部門の仕事はとにかく金本とのコミュニケーションが要となり、否応にも人となりを互いが見せ合うことになる。ピリッとした現場の緊張感を味わうこともあれば、暇な日には談笑をしながら手を動かすこともある。

業務が終わった後、大きな円卓に座って啜るジュースが格別に美味かった。

金本はほとんど怒ることがなく、京子が知らないことを沢山知っていた。

かたや京子にはホテル内でも目立つ、独特な性格と美貌が備わっていた。

華のある二人が男女の仲になっていきつつあることに、他の従業員はすぐに気が付いた。

休憩時間も二人は一緒で、金本の運転で京子が帰るのが当たり前になっていった。

誰もがそんな二人を微笑ましく見ていた。

京子は自分の人生がやっと充実してきていることを感じた。

8

クラシック就職から一年が経った頃、二人の同棲生活が始まった。

明らかに手狭なはずの京子のアパートに金本が移ってきた格好となったが、懸念していたような不便もなく、同棲を機に二人はより互いを知ることができた。

一斤の布団に大人が肩を並べて寝るには少し無理があったが、慣れると気にならない。電気を消してからのちょっとした会話も楽しかった。

京子はまだ二十年そこそこしか生きていないが、金本には四十五年の年輪がある。

「いつかは自分の店を持ちたい」と彼は言った。

京子もその夢を応援したいと思った。

金本は休みの日によく、とある街中の寺院に行っていた。

京子はその寺院について詳しく知らなかったが、彼が言うには年配の住職がいて、話をしていると人生の糧になることが多いとのことだった。

京子は彼のそんな〈趣味〉もまた、大人っぽく思えた。

ホテルでは誰もが二人を冷やかした。

「お前ら、いいコンビだなあ」

「たまには二人で休みとって旅行でも行きなよ」

京子は職場公認のカップルという扱いの照れ臭さに慣れそうもなかったが、祝福されていることには喜びを感じた。

更に半年が経った頃、金本は正式に「独立したい」と社長に相談した。

社長も金本を応援する姿勢を示し、「求人を出しながら、厨房はとりあえず今の面子で回そう。新人が入ってくるのを待ってたらいつまでも辞められないだろう」と彼に伝えた。

そうして金本は段階的に出勤日数を減らして、物件を探したり開店の準備を進めだす。

が、ここで障害が生じる。

「京子。あのさ……」

勤務後、アパートに戻ると金本は妙にバツが悪そうに何かを言い出そうとした。

「凄い恥ずかしい話。ちょっと今のままだと不味いことがあってさ」

「何？」

「不動産屋に払う頭金が足りないんだよ。貯蓄はあるんだけど、これからまた入り用になるから、心もとなくて」

「ああ。はいはい。うん。分かった。貸すよ。幾ら？」

「三十万」

「分かった。大丈夫」

賄い付きのホテル勤務は食費が浮く。

ほとんどがホテルでの生活になるため、アパートにいる時間も少なく光熱費も浮く。

家賃の半分は金本が出していたので、京子の貯金は馬鹿にならないものになっていた。

京子にとって、これからも一緒に過ごす彼に金を渡すのは、「貸す」というよりも二人の生活のために使うことに等しい。

「助かるよ。必ず返すから」

「大丈夫、大丈夫。良いお店になるといいね」

「ありがとう」

9

その日は、従業員も交えてのゴルフコンペだった。

京子は給仕のみに従事していた。

ごちゃごちゃとお得意さんの他業種の男女が往来していた。

「ああ、何か不倫してる人いるってな」

「不倫はよくないだろ。バレたら大変だろ」

年配の二人組が大声でそんな会話をしていた。

「ほんと、よくやるよ。同じ職場ならすぐバレるだろうに」

「そうだそうだ。しっぺ返しがあるだろうな」

京子は、何を大声でそんな話をする必要があるだろうか、と思った。

10

ある日「住職が亡くなられた」と金本が言った。

「そう……悲しいわね」

「ああ……」


その後も金本は「まだ学ぶものがある」と寺院にこまめに顔を出していた。

ある日は「住職からお前宛に手紙がある」と、封筒を渡してきた。

京子は、もう死んだはずなのに、変だなあ、と思いつつ手紙を受け取った。

取り出した三つ折りの便箋を広げる。


「金本君は立派な男です。信心深く清い心を持っています。料理の腕も努力のたまものです。彼の料理を私も食べたことがありますが、ほっぺたが落ちるかと思いました。前世もいいです。来世でもきっと素晴らしい徳を以て生きることでしょう。現世で金本君と一緒に人の道を歩めるあなたは幸せ者です。京子さんもきっと徳が高いのでしょう」

11

金本は大人数の宴会があるときのみの出勤になった。

開店のために東奔西走する金本は、あまり京子のアパートに泊まることがなくなり、携帯でのやり取りがメインとなった。

「金本君、どこで店出すの？」

同僚の質問に京子は、

「分からないです。関与してないので」

と答えた。

同僚は、

「へえ、そうなんだ」

とだけ言って仕事に戻った。

金本に頭を下げられ、京子は更に二十万円を貸した。

「返すのはいつでもいいよ」

「ありがとう」

久しぶりにアパートに金本が顔を見せると、また死んだ住職からの手紙を渡してきた。

「金本は信用ができる人です。こんなに素晴らしい人を見たことがありません。寺の後継にでもしたいものですが、本人が料理の道を志しているものですから、無理は言えません。それにしても、金本君と京子さんの出会いは吉兆そのものですね。これから先、どのような幸があるのか楽しみです。末長く一緒にいてください」

京子はまた、死んだはずなのに、とだけ思った。

13

金本が辞職すると、二人の関係は休止した。

幾ら携帯で連絡を取ろうとしても、なしのつぶてだった。

きっととても忙しいのだろうと、京子は思った。


ある日の朝、出勤と同時に社長室に呼ばれた。

「おい、京子。金本はどうなってんだ」

「何が……ですか？」

「何がも何もないよ。お前、知らないのか」

「知らないとは……何かありました？」

「あいつ、ホテルに忍びこんで、お客さんのロッカールームから財布を盗んだんだよ」

「え？」

「マスターキーで、ロッカー開けてな。泥棒だよ。思い切り他の奴らに見られてるのに、『お疲れさまです』なんて言って、財布持ったまま堂々と出ていってな。もちろん、財布がなくなってることに客が気付くだろ。そしたら、あいつが犯人に決まってるから、すぐ通報だよ。今、あいつは警察にいる。馬鹿じゃねえのか。あの野郎」

「え……えと」

「お前もお前だよ。あんな奴とつるんで。知ってたんじゃないのか？　あいつ、物取りするの初めてか？」

こんな社長を見るのは初めてのことだった。

堪らず涙が溢れた。

「あの……ごめんなさい」

「謝って済むことじゃないだろう！」

京子は何故自分がここまで詰られているかが分からないまま、ひたすらに謝罪した。

「いいよ、もう仕事に戻れ」

すっかりホテルに居づらくなった京子は、その一週間後に辞職した。

14

留置所の場所は事前にホテルで聞いていた。

生まれて初めての留置所に入り、まずは目に付いた係員の女性に声を掛けた。

「あの……一緒に住んでる彼氏が今、ここにいて……」

「面会？　当日申し込みね」係員はラックから手早く書類を抜き、京子に渡した。

言われた通りに書類を書き終え、また係員に渡す。

係員は「ちょっと待ってね」と言って窓口の奥に引っ込むと、また出てきた。

「書類はオッケーだけど、今は待合室にいっちゃダメね」

「はい。何か都合が悪い感じでしたかね……」

「奥さんいるから」

「え」

「あなたが面会しようとしている人の、奥さんが今待合室にいるから、ダメよ」

「奥さん？　あの……あたしが面会しようとしているのは金本……」

「そう。金本さん。その人の奥さん、毎日のように来てるのよ。あなた、不倫でしょ？　修羅場になるわよ」

ぐにゃり、と京子の世界が歪んだ。

ふらふらと外へ出て、アパートに戻る。

朦朧とした意識のまま、明るいうちに床に就いた。

目が覚めると、深夜だった。

幸か不幸かやたらと身体が軽いことに、京子は戸惑った。

金本には妻がいた。

それを彼は秘密にしていた。

そこまでは理解した。

だが、では何故ホテルでの日々の中、誰一人としてそのことを私に教えずに、ただ見守った。従業員が既婚者かどうかを知らずにいることなぞ、不可能だろう。

人事部だってあった。

配偶者の名前が書かれた公的な書類が、何年にも亘り会社に提出されていただろう。

あれほどの従業員がいるホテル内で、この小さな田舎で、一人の男が妻の存在を隠し通しながら生きるのは果たして可能であろうか。

何故、誰もが私達を祝福した。

不倫。

ゴルフ場で大声を上げていた、あの二人の年配者はもしかして私達を咎めていたのだろうか。

だとしたら、何故直接言わなかった。

仮に本人達に言うのが憚られたとしても、社長や他の重役に話せるだけのポストがあの年配者にはあったはずだ。

彼らがトボけたこれみよがしの会話をする横に、私はいた。

あの時間は何だった。

あの時間は。

あの時間は……。

京子は段々と頭に血が巡ってくるのを感じた。

部屋の中にある生活用品それぞれの色が変わる。

電源の入っていないテレビのディスプレイの黒がより黒く。

四つ足テーブルの白はより白く。

室内干しされた洗濯物の香りが殊更に鼻を衝いた。

これはおかしい。

何もかもが、おかしい。

京子は考える。

自分は金本が住んでいた場所をこれまでの三年間、一度も知ろうとしていない。

何故、知ろうとしなかった。

金本がどこに店を出そうとしていたか、一度も知ろうとしていない。

何故、知ろうとしなかった。

金本との将来には一度も不安を感じなかった。

何故。

京子は近所にある大通りを走る車のエンジン音がやたらと気になりだし、今まで忘れていた苛々とした気持ちが湧き起こってくるのを感じた。

あの激怒した社長の顔を思い出す。

あのホテルはあの男から不審なものをこれまで見出せずにいた。

何故。

何故、私は金本を好きになった。

ほんの少し前まで抱いていた彼への好意を思い出そうとしても、今は全く思い出せない。

そうだ。面会に向かうときもまだ、彼のことを好きだった。

彼の姿を見て、安心したいと思って私は面会に向かったのだ。

私は彼が犯罪者となったことに、何の感想も抱いていなかった。

私はそんな人間だっただろうか。

私はそれほど浮かれていたのか。

金本の顔を思い出そうとすると、頭に霞が掛かった。

今となってはクラシック全体が彼が仕掛けた悪い魔法に掛かっていたように思える。そうだ。人の認知能力を曲げる魔法がこの世にあるとでも思えば、全ての道理になる。

悪い魔法。

そんなものがあるものか。

あるものか。

あるものか？

15

蝉の声がやかましい昼下がりのことだった。

テレビでは九州で大雨警報が出たことを報じていた。

男は女にこう言った。

「お前が一番憎んでいる奴の名前を思い浮かべてごらん」

「何よ。急に」

「いいから。思い浮かべるだけでいいんだよ」

女は、また変なことを言い出した、と思う。

「住職がそれを当ててるんだ。凄いだろ。離れたところにいるのに、頭の中を読めちゃうんだぜ」

住職——死んだ人にそんなことができるだろうか、と女は訝《いぶか》しむ。

「ううん。じゃあ、やってみるわね」

女は小学一年生の頃に自分の背中を蹴った男の名前を思い浮かべた。

一番憎んでいるかと問われると怪しいが、そもそも自分には憎む人がいない。

精一杯に思い出しても、たったそれ程度の名前しか思い浮かべることができない。

「今、思い浮かべたわよ」

「そうか、それでいい」

後日、男は封筒を女に渡す。

「金本君はまだまだ徳を積んでいきます。本当に驚くほど素質があると私は思っています。きっとあなたとの生活は更に豊かになるでしょう。さて、件のあなたが憎いと思っている人の名前ですが、〈近藤豊（コンドウユタカ）〉です。このような神通力を使うのは久しぶりです。しかし、容易なことです」

女は本当に当たった、と驚く。

男は目を見開く女に微笑む。

「どうだい。凄いだろう」

「凄いわねえ」

そうして二人は身を寄せる。

呆とした幸福が熱気で汗となる。

蝉はまだ鳴く。
女はまたテレビに目をやる。
世の中では記録的なことがよく起きるものだ。
男はニヤニヤと笑いながら女を見る。
女はその目線に気付かない。
呆とした時間が気化して、世界を包む。

凄いだろう。

男はもう一度、そう言う。

エピローグ

これは小説である。
実話怪談ではない。
京子の不可思議な物語はここで終わる。
だが、小説の元となった実在の人物達の人生は今も続いている。
京子——体験者は現在、とても健やかに、とても幸せに生活を送っている。
金本——この前科者も存命である。

これは小説である。
もし金本が私と京子に「何故罪を償った俺のことをまたこのように晒すのだ」と言い寄ってきたとしても、私は「これは小説である」と答える。

さあ、どうだ。
悪しき怪異よ、漂え。
この小説の中で永遠に漂え。

恐怖のあと（あとがき）

本書を記している間、懐かしい感覚に囚われることが幾度かあった。

〈あれえ、怖いって何だっけ？〉

そういえば、デビュー後しばらくして、最も悩んだのはそれだった。

怖いものを怖いものをと筆をふるっていたはずが、急にパッと心が冷めて、何も怖いものなぞ書けていないのではないかと、不安になることがままある。

自分が怖いと思っても、他人は怖いとは思わないのではないか。仮にそうなら、売り物としての価値が全くないのではないか。そんなふうに思ってしまうのだ。

しかし、デビュー時の私と今の私は境遇が全く違う。

もう独身ではないし、子供もいる。

脱サラも果たしており、歳はもう（本書執筆時）四十五歳だ。

若い頃は即物的な恐怖に惹かれていた。

鬼畜めいたものやグロテスクなものに刺激を感じ、それこそが恐怖だった。

今の私はそういったものに娯楽性こそ感じるものの、普遍的な恐怖はあまり覚えない。

では、何が恐怖かと言うと。
崩れないはずのものが崩れたり。
どうやっても分からなかったり。
終わらなかったり。
取り返しが付かなかったり。
間違いであることが確定し、その烙印が死ぬまで消えなかったり。
淀みの中で生きるしかなかったり。
もう何も変わらなかったりすることが。
恐怖である。
談話を書き起こす中、恐怖の迷路に迷うたびに自分の人生を顧みた。
結局、恐怖は私が過ごした〈時間〉にある。そこにしかない。
それに気付くと、また筆は進んだ。
家族、談話を聞かせてくれた体験者様、本書を手に取った読者様、皆に感謝を。
私の中にある〈恐怖〉に最大の感謝を。まだ共に歩もう。

高田公太

★読者アンケートのお願い
本書のご感想をお寄せください。アンケートをお寄せいただきました方から抽選で10名様に図書カードを差し上げます。
（締切：2023年9月30日まで）

応募フォームはこちら

絶怪

2023年9月5日　初版第一刷発行

著者……高田公太
監修……加藤 一
カバーデザイン……橋元浩明（sowhat.Inc）

発行人……後藤明信
発行所……株式会社　竹書房
〒102-0075　東京都千代田区三番町8-1　三番町東急ビル6F
email: info@takeshobo.co.jp
http://www.takeshobo.co.jp
印刷・製本……中央精版印刷株式会社